Eugeni de Diego

¿CÓMO COCINA UN CHEF EN CASA?

80 recetas para aprender y disfrutar

Prólogo de
Ferran Adrià

Grijalbo

Papel certificado por el Forest Stewardship Council®

Primera edición: abril de 2021

Printed in Spain – Impreso en España

ISBN: 978-84-18007-20-0
Depósito legal: B-2.591-2021

Maquetado por Reginald

Impreso en Gómez Aparicio, S.A.
Casarrubuelos, Madrid

DO07200

ÍNDICE

PRÓLOGO

Eugeni de Diego es un «bulliniano» de pro, una persona importantísima en la historia del restaurante El Bulli, por ser uno de los responsables de mayor peso en el equipo desde que llegó a él en el año 2005.

Durante su estancia en El Bulli demostró que su talento podía orientarse en distintas direcciones en el mundo de la cocina.

Por eso, con él desarrollamos una labor increíble con «la comida de la familia», un trabajo que requirió exigencia y constancia, y que terminó siendo un proyecto editorial que se ha convertido en un auténtico *best seller* y en una referencia para muchas personas en su cocina particular.

Cuando el restaurante El Bulli se transformó en la fundación (elBullifoundation), Eugeni estuvo también a nuestro lado en el comienzo del gran proyecto de la Bullipedia y pudo cambiar su forma de vida en relación con los horarios, ya alejados del día a día que supone un restaurante.

Ello le permitió disponer de más tiempo para dedicarlo a una de sus grandes pasiones: cocinar en casa, una pasión que comparte con su pareja, Ana, y que ambos han sabido transmitir a sus hijos.

El libro que tienes en las manos es por tanto el de un cocinero profesional que también cocina en casa, lo que, aunque puede que no lo parezca, no es algo tan común.

Esta doble faceta y su gran profesionalidad lo han convertido en una persona lógica y pragmática que sabe perfectamente lo que las personas pueden hacer en su día a día.

Este es un libro que, antes de hacer cualquier receta, se debe leer de principio a fin, porque ofrece conocimiento esencial para transformar la manera del lector de cocinar en casa.

Hay una parte introductoria teórica que muestra cómo, por qué cocinas. Es una parte, sin duda, vital.

Al mismo tiempo, los productos que nos propone pueden encontrarse con cierta facilidad.

Cocinar con lo físico…, las manos; con la mente…, una visión racional, emocional y espiritual. Sin duda, Eugeni tiene la facultad camaleónica de cocinar en casa y en el restaurante más sofisticado del mundo, algo al alcance de muy pocos.

Este libro te guiará para que cocinar en casa, con tu pareja o con tus hijos se convierta en una auténtica pasión y en una forma de entender la vida en familia.

FERRAN ADRIÀ

INTRO-DUCCIÓN

INTRO-
DUCCIÓN

¿POR QUÉ COCINAMOS?

Es una pregunta que pocas veces nos formulamos debido a que cocinar y comer es una acción que llevamos a cabo varias veces al día.

No por ser cotidiano debe perder su atractivo y convertirse en aburrido.

Cuando cocinamos, lo que realmente estamos haciendo es transformar los productos a través de unos procesos físicos o químicos. Por muy raro que suene, podríamos comparar el trabajo de un cocinero con el de un químico.

Pero ¿cuáles son los objetivos de transformar los alimentos? Suele estar motivado por varias razones, bien sea para convertir productos que sin manipulación no podrían degustarse, bien para hacerlos más agradables y placenteros a la hora de ingerirlos.

Lo que es evidente es que hay un mundo oculto y fascinante en la cocina.

El objetivo de este libro es que podemos APRENDER y DIVERTIRNOS en la cocina de una forma muy práctica, aportando una nueva visión de la cocina en casa, a través de diferentes trucos y consejos básicos para poder cocinar bien de una forma divertida.

TODAS LAS RECETAS DE ESTE LIBRO
ESTÁN PENSADAS PARA 4 PERSONAS.

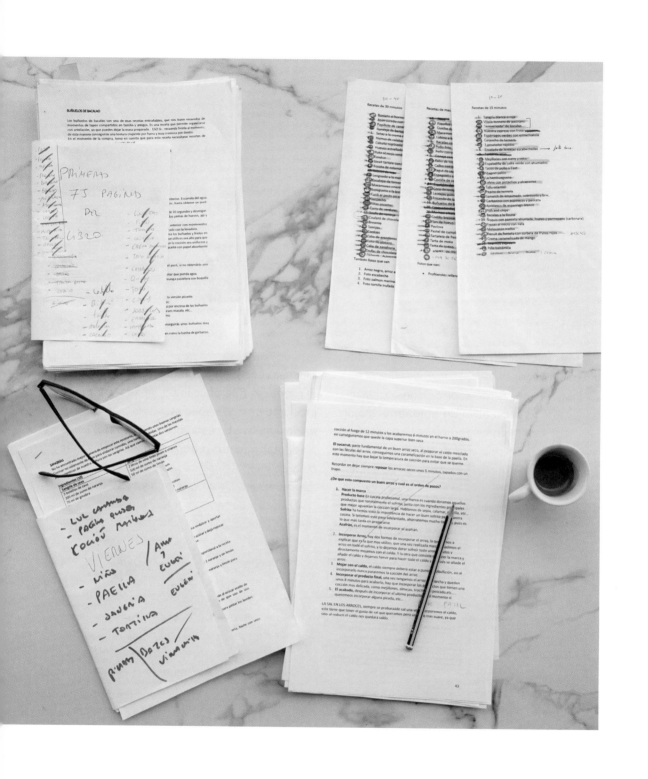

VOY A COCINAR

¿Por dónde empiezo?

Cocinar es algo más que ejecutar una serie de recetas. Los cocineros profesionales hemos tenido un largo aprendizaje para llegar a conocer y controlar el proceso culinario.

Como todo, la cocina también parte de una idea y esta evoluciona. En el mundo profesional hemos observado una gran evolución en cuanto a la forma de cocinar hoy en día con respecto a los últimos veinte años. Nos hemos tenido que ir adaptando a las nuevas generaciones y a un entorno mucho más global, por lo que hemos ido incorporando a nuestra alimentación productos, elaboraciones y técnicas que antes desconocíamos.

Cocinar implica tomar decisiones constantemente, con el objetivo de obtener el mejor resultado posible para complacer a otras personas. Por eso opino que cocinar va más allá de dominar las técnicas: cocinar es aprender, es reflexión, es organización, es diversión, es compartir…

HACER LAS COMPRAS COMO UN PROFESIONAL

Antes de cocinar y planificar las compras, debemos responder una serie de preguntas:

· ¿Qué quiero cocinar y para cuántos?
· ¿De cuánto tiempo dispongo?
· ¿Qué grado de complejidad tienen las recetas?
· ¿Qué necesitaré para cocinar?

Una vez contestadas, podremos elaborar la lista de la compra. Aunque parezca una tontería, a medida que se va complicando dicho proceso, resultará una de las piezas básicas para una buena organización.

En el mundo profesional, una buena gestión en las compras aporta un mayor control de la calidad y del coste de los productos que ofreces. Esto solo se puede conseguir con una buena planificación.

¿Y si vamos a comprar y no conseguimos el producto que buscamos?

Muchas veces, al ir a comprar no encontramos el producto que buscamos, ya sea porque el producto es muy especializado o bien porque ese día no hay. En este momento empezamos a adaptar nuestro proceso culinario. Lo más fácil es intentar sustituir el producto por alguno similar o simplemente cambiar la receta que queríamos hacer, manteniendo siempre el máximo número de ingredientes posible de la receta original.

Pongamos un ejemplo: quiero hacer un escabeche de sardinas, pero no hay, pues sustituyo la sardina por otro pescado similar, como la caballa, o bien pruebo a preparar un pollo en escabeche. De esta forma consumirás los ingredientes que ya tienes en casa manteniendo la calidad y sin que se resienta tu bolsillo al no tener que comprar más de la cuenta.

ORGANIZACIÓN

El objetivo de una buena organización es poder ahorrar el máximo tiempo posible. Como hemos visto en el apartado de la planificación de las compras, hay una serie de preguntas que nos ayudarán a pensar en lo que vamos a cocinar y nos aclararán las ideas. De cara a organizarse en la cocina, hay cuatro pilares básicos para adelantar trabajo y para que cocinar sea un disfrute.

1

PLANIFICA TU ALIMENTACIÓN

No hace falta dedicarle mucho tiempo, pero planificarte los menús semanales te ayudará a ir menos veces a comprar y a poder gastar género que tienes en casa. Ahorrarás dinero y evitarás acabar tirando comida.

2

PREPARA LAS RECETAS BASE Y HAZ LAS PORCIONES SEGÚN LOS COMENSALES

Aprovecha los días que tienes más tiempo para preparar las bases que utilizas en tu cocina; si le dedicas ese día unas 4 horas, entre semana en 15 o 20 minutos puedes tener muchas opciones de comer muy rico.

La tarea que más tiempo ocupa en la cocina es la preparación de las bases: fondos, sofritos y salsas se emplean en la mayoría de las elaboraciones, y si se preparan el mismo día que los necesitas, tendrás que empezar desde bien temprano a cocinar.

¿Cómo debo conservar las bases? Dedica parte de tu congelador a almacenarlas.

- Hazte con táperes de calidad y bolsas de congelación. Pon fecha y nombre del producto para ir gastando lo más antiguo.
- En el caso de salsas y sofritos, es muy buena opción congelar raciones. Piensa cuántos sois en casa y la cantidad que necesitas. Así nunca sobrará o faltará producto.

3

ANTES DE COCINAR, PREPARA TODO LO NECESARIO PARA EJECUTAR LA RECETA

En las cocinas profesionales llamamos *mise en place* a la preparación previa a cocinar, desde tener todos los instrumentos necesarios para su elaboración hasta disponer de los ingredientes necesarios.

**5 minutos dedicados a la *mise en place* pueden ahorrarte
25 minutos de preparación**

Si mientras cocinamos, tenemos que estar abriendo y cerrando la nevera, los cajones para buscar el cuchillo, los armarios para sacar la batidora, la mandolina, los platos... sacando del congelador el sofrito o yendo a buscar ingredientes que nos hemos dejado, se nos hará eterno. Dedica unos minutos a mirar a tu alrededor y ver si lo tienes todo. Así, cuando cocines, irá todo rodado.

OPTIMIZA EL TIEMPO MIENTRAS COCINAS

Llegó el momento de cocinar y disfrutar. También hay trucos para aprovechar la elaboración de las recetas para adelantar trabajo. Aquí el factor multiplicador es crucial: no hagas solo una cosa, intenta estar presente mientras cocinas y aprovechar los tiempos al máximo. A continuación, algunos ejemplos de cómo optimizar en la cocina:

4

· Si vas a hacer un plato de pasta, pon primero el agua a hervir y luego, mientras se calienta, prepara el resto de los ingredientes. Si no, te encontrarás esperando sin hacer nada cuando ya lo tengas todo listo.
· Empieza por aquellas elaboraciones que llevan más tiempo y sigue en ese orden para que todo esté listo a la vez. Si tienes que hervir verduras, empieza por las que tardan más y añade el resto por orden de cocción.
· Tener el horno encendido a temperatura baja (80 °C), te permitirá calentar o mantener los alimentos calientes hasta el momento del «pase», es decir, hasta el momento de servir. Vigila que no se sequen.
· Según vayas cocinando, limpia y lava aquellos utensilios o cazuelas que ya hayas usado. Es posible que los vuelvas a necesitar y así los tendrás listos. Piensa que cocinar se acaba cuando después de comer está todo recogido y limpio.

LA COCCIÓN DE LOS PRODUCTOS: 5 CLAVES PARA NO FALLAR

1 EL TAMAÑO SÍ IMPORTA

Una de las primeras cosas que debemos tener en cuenta a la hora de cocinar una pieza es su tamaño. Es evidente que no coceremos igual un picantón de 600 g que una pularda de 3 kg. Sus características nos obligan a modificar todos los parámetros de cocción que comentaremos más adelante. Esto lo deberemos tener en cuenta a la hora de planificarnos en casa.

2 LA TEXTURA DEL PRODUCTO

Al igual que en el punto anterior, la textura del producto que vamos a cocinar determinará qué método de cocción podemos aplicar. Las técnicas de cocción que le aplicaremos a un solomillo no serán las mismas que las de un jarrete, aunque estas dos carnes provengan del mismo animal, en este caso, una ternera. El solomillo es una carne es muy tierna porque es un músculo que trabaja muy poco, lo que hace que sea muy fácil de cortar, y es perfecto para comerla cruda en carpaccio o tartar, o incluso vuelta y vuelta en una plancha. Por el contrario; un jarrete, que es un músculo con mucha carga de trabajo para el animal y, por ello, contiene una gran cantidad de colágeno, requiere una mayor cocción debido a su dureza. Por eso, se convierte en una carne muy suculenta al aplicarle largas cocciones.

3 ELEGIR EL MÉTODO DE COCCIÓN ADECUADO

Existen diferentes técnicas de cocción, pero ¿cuál es la mejor para cada producto? Como hemos visto en los dos puntos anteriores, cada pieza tendrá su mejor técnica; es más, cada parte de la pieza puede tener su mejor técnica: no coceremos igual un pollo entero que una pechuga.

Una de las cosas que aprenderemos a lo largo el libro es a combinar diferentes técnicas de cocción para obtener el mejor resultado.

4 EL EQUILIBRIO ENTRE TEMPERATURA Y TIEMPO DE COCCIÓN

Ha llegado el momento de ponernos manos a la obra. Hasta ahora hemos hablado más de conceptos para tomar las decisiones correctas; ahora debemos tener muy claro lo qué vamos a cocinar y cuánto tiempo debe cocerse, para así evitar grandes errores, que todos hemos cometido, como hacer elaboraciones en el horno que nos han quedado secas por pasarnos con el tiempo, o crudas y muy doradas por fuera. También hemos comido frituras aceitosas debido a que la temperatura no era la adecuada, y así un sinfín de ejemplos. Pero no nos preocupemos, que en las siguientes páginas encontraremos toda la información para conseguir unas cocciones impecables y exitosas.

5 MANTENER LAS CARACTERÍSTICAS NUTRITIVAS DEL PRODUCTO

El objetivo de una buena cocción es conservar al máximo las características nutritivas del alimento. Por ello hay que buscar carnes doradas por fuera y jugosas por dentro, vegetales con colores vivos y llenos de antioxidantes y nutrientes. En cambio, hemos de huir de los negros quemados y las verduras marrones oxidadas, ya que estas pierden por completo su valor nutritivo.

 Piensa que ¡NO HAY VUELTA ATRÁS! Cualquier mala decisión o ejecución que cometas en alguno de los puntos anteriores resultará casi imposible de solucionar.

VERDURAS Y HORTALIZAS

¿Cómo realzar el sabor sin perder los nutrientes?

La cocción hace que las verduras sean más fáciles de digerir y potencia su sabor, pero hay que aplicar correctamente la técnica para evitar estropear sus nutrientes. Vamos a ver diferentes cocciones y sus resultados.

COCCIÓN AL VAPOR

La cocción al vapor es una de las más saludables y de las que más realzan las propiedades de los productos:

· Intenta que las verduras y hortalizas estén cortadas en tamaños similares para así obtener una cocción más homogénea; respeta los tiempos de cocción de cada una de ellas.

· No uses solo agua para generar el vapor; añádele hierbas aromáticas o especias.

· Si utilizas caldo en lugar de agua, aprovecha el líquido restante de la cocción al vapor para elaborar otros platos o bien para tomarte el caldo restante.

SALTEAR

Saltear es una de las técnicas más versátiles y mayormente empleadas. Consiste básicamente en cocinar en una superficie muy caliente y con un mínimo de grasa; el producto queda crujiente y mantiene sus nutrientes.

· Según la grasa que utilices, obtendrás matices distintos. Una misma verdura salteada con grasas diferentes nos abre muchas posibilidades de combinaciones de sabores. Prueba a saltear con aceite de oliva, mantequilla, aceite de sésamo… ¡tú eliges!

· Conviene escaldar las verduras previamente en agua y después saltearlas; de esta manera te asegurarás que estén cocidas a la perfección.

· Uno de los trucos más importantes es que la sartén o wok que utilicemos tenga suficiente capacidad para la cantidad de verdura que saltearemos. Evita amontonarla, ya que de esta manera lo único que conseguirás es una verdura hervida en lugar de salteada.

· Si estás salteando verduras y les quieres añadir una salsa, es muy útil agregar una fécula para que se impregnen de sabor.

HORNEAR

Esta técnica requiere una temperatura elevada para conseguir la concentración de los sabores de la propia verdura.

· Si lo que quieres es hacer una escalivada, que normalmente se cuece a la llama, hornea las verduras con su propia piel a 200 °C y rocíalas con aceite de oliva.

· Si quieres hornear piezas enteras, como patatas, boniatos o cebollas, envuélvelas en papel de aluminio para evitar que se quemen en el exterior y queden crudas por dentro.

· Si quieres preparar una mezcla de verduras como guarnición, córtalas finamente, alíñalas y haz una papillote de verduras en muy poco tiempo y con un resultado muy vistoso. Además, ¡conservarás todo el jugo natural de las verduras!

 Recuerda que puedes hacer frutas en papillote.

A LA LLAMA

Es una cocción muy agresiva y corta. En este caso es importante que, después de la exposición al fuego, el producto se envuelva en papel de aluminio para que, con ayuda del calor residual, quede cocido por dentro. A diferencia del resto de las cocciones, esta aporta un sabor ahumado.

---

5 FORMAS PARA ALIÑAR LAS VERDURAS
¡Las verduras no son aburridas!

Estas preparaciones básicas de aliños para verduras ofrecen, si cambiamos algunos ingredientes, infinidad de variantes. Lo veremos en las recetas más adelante.

VINAGRETA (véase página 45)
  → de mostaza
  → al estragón
  → de soja y jengibre

MAYONESA (véase página 42)
  → la clásica
  → de lima
  → tártara

ALIÑOS LÁCTEOS (véase página 32)
  → crema agria
  → yogur

REFRITOS
  → refrito básico: aceite con ajo laminado y chorrito de vinagre
  → refrito con picante: igual que el anterior con guindilla
  → refrito ahumado: igual que el básico con pimentón de la Vera

OTRAS SALSAS
  → pesto
  → romesco
  → alioli

CARNES

¿Cómo puedo cocinarlas?

Cada corte de la carne tiene una cocción distinta. En función de su dureza, la cocción será más larga o rápida. Eso sí, indistintamente de la pieza de carne que vayamos a cocinar, siempre la deberemos **atemperar**. Esta técnica es muy común en el mundo profesional, pero en casa apenas se usa. Consiste en dejar reposar fuera de la nevera la pieza que vayamos a cocinar hasta conseguir que la temperatura interior y exterior sea igual. De esta manera tardaremos menos tiempo en cocinarla y evitaremos que nos quede reseca por fuera y fría por dentro.

 Otro TRUCO es espalmar la carne antes de hacerla, tanto si la vas a preparar rebozada como si prefieres hacerla a la plancha. Esta técnica consiste en golpear la pieza con una maza para carne. Quedará más fina y, al romper sus fibras, más tierna.

A LA PLANCHA

Es una de las técnicas más utilizadas. La cocción es muy rápida y conserva muy bien los jugos de la carne en el interior de esta.

· Primero cocina siempre por la parte de la piel en el caso de las aves, ya que así desprenderá su propia grasa.
· Añade una buena porción de mantequilla o aceite a una plancha o sartén, un ramillete de tomillo fresco y un ajo machacado. Con ayuda de una cuchara, vierte la mantequilla fundida o el aceite por encima de la carne. Así la doraremos para formar una capa crujiente llena de sabor.
· Retira la carne y prepara su salsa al momento, desglasa la sartén con un líquido (nata, leche de coco, caldo, vino, etc.) y así podrás recuperar sus jugos.

GUISOS

Consiste en cocinar una carne en un medio líquido junto con algún sofrito y una guarnición que se suele cocer en el mismo proceso, a fuego suave, hasta obtener una carne melosa y tierna. Se puede utilizar todo tipo de carne, pero son ideales aquellas más duras y con contenido en colágeno, como carrilleras, jarretes, piernas, rabos, etc. El colágeno se acaba transformando en gelatina, cuyo resultado es una salsa suculenta y brillante.

· Marina las carnes con anterioridad para que queden más sabrosas y tiernas (véase página 48).
· Con una olla exprés reducirás el tiempo de cocción a una cuarta parte.
· Añádele una picada al final (véase página 38) para aromatizar el guiso y acabar de espesar la salsa.

ESTOFADOS

Cocción muy similar a la del guiso, aunque el líquido solo cubre el fondo. La carne se cocinará en sus propios jugos. Se puede estofar carne en dados, pero también piezas como carrilleras o paletillas.

- Utiliza ollas de hierro colado con tapa, ya que ayudan a transmitir el calor de forma homogénea. Este tipo de cocción es larga, motivo por el cual debemos mantener temperaturas medias bajas, poco agresivas.
- Durante la cocción se ha de mantener la tapa puesta para evitar la pérdida de humedad y que se seque el fondo y se pegue. Si abres para revisar el punto de la carne, añade un chorro de agua o caldo para recuperar el agua evaporada.
- Utiliza carnes con mucho colágeno o que en cocciones cortas sean duras, como las carrilleras, el rabo, el morro, la lengua, gallina o conejo. También puedes hacer estofados de pescado, pero el tiempo de cocción será menor que el de las carnes.
- Si le vas a añadir patatas, recuerda que es mejor chascarlas que cortarlas; así el almidón ayuda a espesar el estofado.
- Si tienes tiempo, dora las carnes y verduras en el fuego y después sigue la cocción en el horno, a 140°C y el tiempo de cocción como indicado en la tabla de la página siguiente. Si tienes prisa, la olla exprés es un buen aliado; te permitirá reducir el tiempo de cocción a la mitad.

AL HORNO

Es una técnica que se utiliza para cocinar piezas enteras de carne como un pollo o un cochinillo, o para cocinar grandes, como una espalda de cordero. Este tipo de cocción se basa en alta temperatura, por lo cual hay dos requisitos imprescindibles para obtener un buen resultado:

HUMEDAD

Cocer con un porcentaje de humedad nos permitirá aumentar el tiempo de cocción y así conseguiremos piezas más jugosas y melosas, debido a que se ablandan las fibras más duras y evitamos que se resequen las tajadas. Añadiendo agua, caldo, coñac o cualquier otro líquido a la cocción conseguimos crear un ambiente más húmedo en el horno.

DORADO FINAL

En la parte final de la cocción dejamos de añadir líquido para generar el ambiente seco y propiciar una costra uniforme y crujiente.

TEMPERATURA Y COCCIÓN

Como hemos visto antes, el equilibrio entre la temperatura y el tiempo de cocción es fundamental. En la siguiente tabla encontrarás una guía para cocinar tus carnes al horno.

Cocción a baja temperatura

Pero ¿qué pasa si combinamos las cocciones del horno con unas a baja temperatura? Cocer a baja temperatura es fácil, consiste en envasar al vacío y sumergir en agua caliente a una temperatura determinada durante un tiempo; como resultado obtenemos una cocción precisa.

Al combinarlo con una cocción en seco en el horno, conseguimos una melosidad extrema en la pieza y un crujiente perfecto.

GUÍA PARA HORNEAR			
PRODUCTO	TEMPERATURA	TIEMPO	CONSEJO
AVES			
pollo de 1 kg	180 °C	1 h 15 min	humedad hasta el momento de dorar (últimos 15 min)
pollo de 2 kg	180 °C	1 h 45 min	humedad hasta el momento de dorar (últimos 15 min)
CERDO			
costillar	140 °C	2 h (tapado y con humedad)	se puede dorar 25 min, napar con salsa tipo barbacoa y acabar otros 25 min
	180 °C	50 min (dorar)	
carrilleras	140 °C	2 h (tapado y con humedad)	retirar el líquido del fondo antes de dorar para hacer la salsa
	180 °C	50 min (dorar)	
jarrete	140 °C	2 h (tapado y con humedad)	retirar el líquido del fondo antes de dorar para hacer la salsa
	180 °C	50 min (dorar)	
cochinillo	180 °C	2 o 2 h 30 min	disponer en la base una rejilla o un soporte para que la piel del cochinillo no se pegue a la bandeja
	200 °C	25 a 35 min (después de darle la vuelta)	
CORDERO LECHAL / CABRITO			
paletilla lechal	180 °C	60 min + 45 min	mojar con el jugo de cocción cada 15 min durante los primeros 60 min. Darle la vuelta (la piel hacia arriba) y no mojarlo más
pierna lechal	180 °C	80 min + 60 min	mojar con el jugo de cocción cada 15 min durante los primeros 80 min. Darle la vuelta (la piel hacia arriba) y no mojarlo más

Nota: si el horno no tira mucho, subir un 10 % la temperatura

GUÍA DE COCCIÓN A BAJA TEMPERATURA			
TIPO DE CARNE	TEMPERATURA	TIEMPO	REGENERACIÓN
AVES			
pollo de 1 kg	65°C	3 horas	horno hasta dorar 20 min a 180°C
pollo de 2 kg	65°C	4 ½ horas	horno hasta dorar 30 min a 180°C
CERDO			
costillar	72°C	18 horas	horno hasta lacar 20 min a 180°C
carrilleras	72°C	24 horas	horno hasta dorar 7–9 min a 180°C
jarrete	72°C	24 horas	horno hasta dorar 10–15 min a 180°C
cochinillo	72°C	24 horas	horno hasta dorar sobre rejilla aprox. 40 min a 220°C
CORDERO			
paletilla lechal	72°C	16 horas	18 horas horno hasta dorar 20 min a 180°C
pierna lechal	65°C	20 horas	horno hasta dorar 25–30 min a 180°C

CASO ESPECIAL: LA CARNE PICADA

No podemos pasar por alto la carne picada, muy utilizada en diversas culturas para elaborar deliciosas recetas. Vamos a ver un par de conceptos básicos para triunfar en la cocina.

LA HAMBURGUESA IDEAL

· Utiliza carne de ternera de calidad, combina carne magra y grasa (para 4 unidades: 600 g de carne magra; 200 g de carne grasa), salpimiéntala y amásala; así tendrás la base de tu hamburguesa.

 TRUCOS:

· Especia la carne para darle el sabor que quieras.
· Échale un poco de salsa de soja o de jugo de carne y potenciarás su sabor.
· También se pueden añadir otros elementos como beicon, cebolla pochada e incluso daditos de foie gras, para hacerlas más sabrosas y melosas.

ALBÓNDIGAS JUGOSAS

Una mezcla infalible de carne es 500 g de carne de ternera picada y 300 g de carne de cerdo un poco grasa. Añade un huevo batido por kilo de mezcla junto con 3 ajos picados sin el germen, perejil picado y miga de pan (una rebanada de pan de molde) remojada en leche.

Mézclalo todo bien y haz bolas del tamaño de un bocado.

· Incorpórales cebolla pochadita y quedarán muy melosas.
· Incorpórales algún fruto seco, como piñones.

Ejemplo de una elaboración realizada con la técnica de espalmado.

PESCADOS Y MARISCOS

¿Cómo encontrar el punto de cocción perfecto?

Existen cientos de alimentos comestibles provenientes del mar o de los ríos, que son tan ricos en proteína y minerales como las carnes de animales de medios terrestres. A la hora de comprar estos productos es importante que estén lo más frescos posible, respetando siempre el *rigor mortis*, y tomar en cuenta qué tipo de elaboración o cocción queremos realizar, ya que según el tipo de producto cocinaremos un plato u otro.

A LA PLANCHA

Es una de las técnicas de cocción más utilizadas en el día a día. Consiste en cocer sobre una plancha o sartén con poca grasa los alimentos, ya sean carnes, aves, pescados o vegetales.

· Utiliza planchas o sartenes, preferiblemente antiadherentes, para hacer esta cocción. Es importante que el fuego o la placa de inducción estén a temperatura media alta; de esta manera podrás dorar los productos y evitarás que suelten agua.

· Atempera los ingredientes antes de cocerlos a la plancha. Así conseguirás que el calor penetre bien en el centro del producto y no te quedará frío por dentro.

· Cuando cuezas piezas con piel, como por ejemplo un filete de salmón, empieza por el lado de la piel, así esta aportará la grasa natural del ingrediente y conseguirás que quede crujiente.

· Aunque normalmente con sal y pimienta es más que suficiente, puedes marinar o adobar previamente los pescados y luego cocerlos a la plancha para obtener unos resultados sorprendentes (véase página 48).

AL HORNO

Esta técnica se suele utilizar con piezas enteras de pescado o con piezas que son grandes, como un cogote de merluza o un tronco de bacalao.

· Cuece al horno unas verduras laminadas y pon la pieza de pescado al final para cocinarlo todo a la vez; ahorrarás tiempo y ensuciarás poco.

· Envuelve una ración de 200 g de tu pescado favorito con papel de aluminio y cuécela al horno (en papillote) a 180 °C, 30 minutos; así conservarás sus jugos.

· Mezcla sal gruesa con clara de huevo hasta que la sal quede bien humedecida, vuélcala en una bandeja de horno, introduce un pescado entero, cúbrelo con la sal, cuécelo al horno a, 200 °C, 40 minutos por kilo de pescado, y ¡ya tienes tu pescado a la sal! (véase página 183).

COCCIONES EN SALSA

Cocción perfecta para pescados con la carne muy delicada y fina, como la merluza, el bacalao o el mero. Consiste en cocer un trozo de pescado con un poco de caldo de verduras o de pescado: mientras se va cociendo, el jugo que va desprendiendo el pescado va ligando con el caldo y va formando la salsa. Un ejemplo de receta para este tipo de cocción es la merluza en salsa verde, que consiste en sofreír un ajo con aceite de oliva virgen y un poco de guindilla, se añade la merluza y se va cociendo con un poco de caldo de pescado y perejil; mientras se va cociendo se va formando la salsa.

· Sala el pescado una hora antes de utilizarlo, este proceso nos ayuda a que el interior del pescado quede perfecto de sal.
· Enharinar ligeramente el pescado nos facilitará que quede una salsa bien ligada.
· Puedes hacer versiones, como la romescada: pescado en una cazuela marcado con aceite, al que añadimos romesco y lo mojamos poco a poco con caldo.

CONFITADOS A BAJA TEMPERATURA

Añade a un cazo una buena cantidad de aceite. Tiene que cubrir el pescado. Aromatiza con un par de ajos y unas hierbas, y dale temperatura, pero evita pasar de los 60°C. Verás que empieza a burbujear. Sumerge las piezas de pescado y mantén la temperatura entre 50-55°C para que la proteína del pescado no se cuaje y la pieza adquiera una textura delicada. La salsa es el propio aceite aromatizado.

· Recuerda que puedes usar un robot de cocina que mantenga la temperatura estable. Una ración para una persona estará ideal en 15 minutos a 50°C.
· Prueba a añadir pieles de cítricos al aceite; refrescará el plato y le aportará un toque

delicioso. Y anímate con una guindilla o chiles frescos para que pique ligeramente.

HERVIR LOS MARISCOS

La mejor forma de hervir los mariscos es con agua de mar como es evidente que no iremos a la playa a buscarla, se puede hacer en casa.

¿A qué nos referimos con agua de mar? A la proporción de sal que contiene el agua, ya que cuando trabajamos con marisco, tenemos que intentar recrear su ambiente natural para lograr que mantenga su sabor.

Aquí va la fórmula secreta: 30 g de sal por cada litro de agua.
Esta agua se puede emplear:

· Para la cocción del marisco.
· Para la purga de los moluscos: sumergirlos 30 minutos en esta agua salada, eso sí, siempre en frío.
· Para limpiar y manipular cualquier fruto del mar.

Cuando se cuecen productos del mar, es de vital importancia cortar la cocción para evitar que se sobrecocine. Para ello, tendremos preparado un bol con agua de mar y hielo. Al acabar el tiempo indicado, sumergiremos el marisco en el agua y, de esta manera, mantendrá todo su sabor y textura en perfecto estado.

GUÍA DE COCCIÓN DE LOS CRUSTÁCEOS			
PRODUCTO	TEMPERATURA	TIEMPO	TRUCOS
NÉCORAS	cuando arranque a hervir	6 – 8 min	mantener cerca del hervor, pero sin que borbotee
BUEY DE MAR	cuando arranque a hervir	12 min por kilo	mantener cerca del hervor, pero sin que borbotee
CENTOLLA	cuando arranque a hervir	12 min por kilo	mantener cerca del hervor, pero sin que borbotee
BOGAVANTE / LANGOSTA	cuando arranque a hervir	10 min por kilo	mantener cerca del hervor, pero sin que borbotee. Retirar las pinzas del bogavante y cocer 2 – 3 min más
GAMBAS / LANGOSTINOS	cuando arranque a hervir	2 min (tamaño mediano)	mantener cerca del hervor, pero sin que borbotee
CIGALAS	cuando arranque a hervir	3 min (tamaño mediano)	mantener cerca del hervor, pero sin que borbotee

CÓMO EVITAR QUE LOS MOLUSCOS QUEDEN SECOS Y PASADOS

Una técnica muy sencilla de realizar y que aporta una textura increíble a los moluscos es controlar la cocción hirviendo en agua de mar.

Consiste en escaldar los moluscos durante unos segundos, hasta que se empiecen a abrir. Una vez escaldados, los abriremos con mucho cariño, separando si hace falta con una puntilla los músculos adheridos a la concha.

Así obtendremos unos moluscos superjugosos, que mantendrán todo su potencial de sabor.

· Intenta recuperar el agua del molusco, así los podrás guardar en su propio jugo.
· Alíñalos y así podrás hacer tus propias conservas en casa.
· Abre los moluscos directamente en una sopa de miso y así puedes hacer una sopa con mucho sabor.

GUÍA DE COCCIÓN DE MOLUSCOS		
PRODUCTO	TEMPERATURA	TIEMPO
MEJILLONES	agua hirviendo	25 segundos y retirar
BERBERECHOS	agua hirviendo	5-10 segundos y retirar
ALMEJAS	agua hirviendo	10-15 segundos y retirar
NAVAJAS	agua hirviendo	5-10 segundos, hasta que empiecen a abrirse

MIS 5 ALIÑOS PREFERIDOS PARA PESCADO Y MARISCOS

Quien se aburre comiendo es porque quiere

REFRITO CLÁSICO

Ideal para pescados con gelatina (merluza, bacalao, rodaballo). Prepara un refrito con unas láminas de ajo y un pedacito de guindilla. Aplica calor y cuando el ajo empiece a moverse por el aceite, añade un buen chorro de vinagre para cortar la cocción, y viértelo sobre el pescado. Recupera los jugos con el refrito del plato y añádelo otra vez al cazo. Deja que se evapore y repite el proceso un par de veces.

La magia de la gelatina ha sucedido: los jugos del pescado se han mezclado con el refrito y tienes una salsa espectacular para mojar pan.

PROVENZAL

Pica finamente albahaca, orégano fresco, perejil, tomillo, romero, eneldo, estragón...
Sigue con tomate deshidratado en aceite y unas nueces o frutos secos que te gusten, como piñones, etc. Mezcla con aceite de oliva virgen extra, zumo de limón, un poco de sal y pimienta negra, ¡y está lista! Añade por encima del pescado para disfrutar de todo el Mediterráneo.

· Sustituye el aceite por mantequilla atemperada para que esté blandita. Guárdala en un táper y, cuando acabes de cocer tu pescado, pon un par de cucharadas o corta unas finas láminas de mantequilla para disponer sobre el pescado caliente. Se fundirá y liberará todos los aromas.

· Si te gusta el queso, puedes añadir uno curado rallado, como el pecorino o el parmesano.

JAPONÉS

Refríe ajo y jengibre a fuego fuerte, añade medio vaso de salsa de soja, medio vaso de un vino dulce (mejor mirin japonés) y una buena cucharada de miel. Cuando arranque a hervir, retira del fuego y sirve sobre el pescado. Le queda genial al pescado azul. Termínalo con cilantro fresco, cebollino, sésamo o ralladura de limón.

PICANTE

Prepara un picadillo de cebolla tierna, tomate, cilantro y chiles frescos. Aliña con jugo de limón y vierte sobre el pescado. Tendrás un resultado fresco y picante, ideal para pescados a la plancha o rebozados.

THAI

Refríe ajo y jengibre a fuego fuerte, añade el zumo de una lima y, a continuación, un buen chorro de leche de coco. Deja que hierva un par de minutos e incorpora una cucharada de mantequilla de cacahuete y unas gotas de salsa de pescado thai (o escata). Alucinarás con esta salsa de coco sobre una dorada a la plancha.

HUEVOS

Dan mucho juego a la hora de cocinar

Los huevos son uno de los ingredientes salvavidas de la cocina. Debido a su versatilidad, son productos indispensables. Aquí algunos trucos sobre cómo cocinarlos.

HUEVOS HERVIDOS

¿Cuáles son los puntos de cocción de un huevo hervido? A continuación, dos recomendaciones para una cocción perfecta.

- Se ha de llevar el agua a ebullición y añadir los huevos. Se empieza a contar el tiempo a partir de que vuelva a hervir.
- Es aconsejable añadir un chorrito de vinagre. La acidez ayuda a que, en caso de rotura de la cáscara, coagule la clara y se forme un tapón que impida que se pierda más por la brecha.

GUÍA DE COCCIÓN DE LOS HUEVOS		
HUEVO	TIEMPO	CONSISTENCIA
PASADO POR AGUA	2 – 3 min	clara semicuajada y yema líquida
MOLLET	4 – 5 min	clara cuajada y yema líquida
DURO CON YEMA CREMOSA	7 – 8 min	clara cuajada y yema cuajada al 75 %
DURO	10 min	clara y yema cuajadas

HUEVOS REVUELTOS

¿Cuál es la clave para que no nos queden secos? Cuando pasamos de 65 °C, las proteínas del huevo batido comienzan a cuajarse, así que es vital controlar en todo momento el fuego a temperatura media e ir removiendo de forma continuada para conseguir una textura cremosa, fina y homogénea.

- La mejor forma de hacerlos es al baño maría; así controlaremos mucho mejor la temperatura y evitaremos que se cuajen.

- Si los quieres más cremosos, prueba a añadir un chorrito de nata.

¿COMO HACER EL HUEVO FRITO PERFECTO?

El huevo frito perfecto es el que tiene la yema caliente y líquida, la clara bien cocida y la puntillita por los bordes (la clara marrón y crujiente debido a la alta temperatura del aceite).

- Casca un huevo en un bol para verterlo en la sartén con más facilidad y sin salpicar.

· Calienta dos dedos de aceite de oliva virgen extra a punto de humo (notarás que empieza a humear, pero no queremos que se queme, para evitar que se generen sustancias dañinas).
· Añade el huevo y la temperatura del aceite lo mantendrá redondo y bien formado.
· Añade sal y, con ayuda de una espátula, vuelca un poco de aceite por encima del huevo.

TRIUNFA CON ESTA FÓRMULA PARA LA TORTILLA DE PATATAS

El objetivo es obtener una tortilla de un aspecto precioso y que al cortarla obtengamos una textura cremosa.

¿Cuáles son los trucos para conseguir este resultado?

1. La proporción de patata y huevo: por cada huevo unos 80 g de patata pelada.
2. Cortar la patata en trozos irregulares y freír en abundante aceite.
3. Opcional agregar cebolla, aunque a mí personalmente me gusta.
4. Añadir la sal siempre a las patatas una vez fritas y escurridas, nunca al huevo. Batir el huevo y añadir la patata frita en caliente, remover o incluso machacar un poco la mezcla y dejar reposar unos 5 minutos; en este proceso obtendremos una masa bastante homogénea, con todos los ingredientes bien integrados.
5. Ahora solamente falta cuajar la parte exterior de la tortilla por ambos lados en una sartén.

LA LECHE Y SUS DERIVADOS

La leche nos lleva acompañando miles de años. De ahí que conozcamos tan bien sus posibilidades y se hayan hecho derivados en todas las culturas donde se consume.

¿QUÉ PUEDO HACER CON LA LECHE EN CASA?

Transformar o separar sus componentes. Debemos tener en cuenta que solo podremos realizar estos procesos con leche fresca.

TRANSFORMAR

Cuando hablamos de transformar, nos referimos a la fermentación. Al fermentar la leche conseguimos que sus nutrientes se descompongan en partes más sencillas, para que nuestro organismo los asimile mejor.

¿QUIERES HACER TU PROPIO YOGUR EN CASA?

Preparar un yogur casero es fácil. Mezcla en un recipiente 1 litro de leche caliente a 60 °C con 120 g de yogur natural comercial. Ciérralo herméticamente y cúbrelo con un trapo.

Déjalo reposar durante 12 horas en una zona cálida de la casa, una opción es dentro del horno; eso sí, apagado. El objetivo es que la mezcla se mantenga a unos 45 °C para que las bacterias lactobacilos que contiene el yogur comercial puedan fermentar con la leche y así obtengas tu propio yogur.

SEPARAR

Para hacer un queso, se separan los componentes básicos de la leche: agua, proteína y grasa. Para descomponer estos componentes, tendremos que añadir acidez y calor para hacer que las proteínas cuajen y se puedan separar de la parte acuosa de la leche. Otra opción es elaborarlo con cuajo vegetal o animal, que permitirá que las proteínas cuajen.

Para elaborar queso fresco casero solo hace falta poner dos litros de leche en una cazuela y calentar hasta que humee. En ese momento añade el zumo de un limón o tres cucharadas soperas de vinagre de manzana.

Déjalo unos minutos con el fuego apagado y remueve. Notarás cómo se forman grumos. Cuela con una gasa o trapo poroso y obtendrás una pasta blanca. Déjalo reposar en la nevera y ya tienes tu propio queso fresco.

¿QUÉ PUEDO HACER CON LOS DERIVADOS DE LA LECHE?

Las recetas que se pueden preparar con los derivados de la leche son casi infinitas; aquí van dos de mis favoritas.

LABNEH

Prepara un delicioso queso de yogur llamado labneh, al estilo de Oriente Medio: mezcla 4 o 5 yogures con una pizca de sal y filtra con una gasa. Forma una pelota y ponle una pinza para que esté bien apretado y se escurra. Deja en la nevera un mínimo de 10 horas o hasta 24 o 36 horas para que sea más duro. Es una delicia y tiene una textura increíble (véase página 82).

MANTEQUILLA CASERA

Cuando pruebes esta mantequilla casera vas a alucinar. Hazte con un litro de nata para montar (que tenga un 35 % de grasa) y bate con varillas. No buscamos montar la nata, sino el siguiente paso. Una vez bien aireada, si sigues batiendo y batiendo, verás que se corta y se separa la grasa del suero. Obtendrás así una mantequilla muy interesante y con un sabor bien fresco. Al igual que el queso, puedes mezclarla con frutos secos, hierbas mediterráneas… y usarla para acabar platos o para untar sobre una tostada.

ELABORACIONES BÁSICAS

¿Cuáles son las bases imprescindibles en nuestra cocina?

Ya sabemos elegir el producto, hemos conocido técnicas muy simples y divertidas. Ahora es el momento de empezar a enriquecer nuestro conocimiento culinario y hacer nuestra cocina un poco más compleja.

Muchas elaboraciones de nuestro recetario están formadas por unos elementos en común, como:

FONDOS
SOFRITOS
PICADAS

Combinando estos elementos podemos elaborar desde arroces hasta guisos o estofados.

FONDOS

Para los cocineros profesionales los fondos son una de las elaboraciones fundamentales de la cocina, ya que sirven como base para elaborar otras recetas (salsas, guisos, arroces, etc.).

Un fondo y un caldo se diferencian básicamente en que el fondo no lleva sal, se cuece durante más tiempo que un caldo, ya que se busca extraer al máximo el sabor del producto principal que se está utilizando, y su posterior utilización es como base para otra receta; en cambio, el caldo es para consumo directo. Con respecto al fumet o caldo de pescado, la cocción ha de ser más corta, ya que si lo cocemos en exceso libera las sales de calcio propias del pescado, que aportan un sabor amargo y desagradable al fumet.

FONDO DE VERDURA
para obtener 2 litros de caldo

3 litros de agua	1 nabo
2 zanahorias	½ col
1 puerro	1 rama de apio
1 cebolla	2 hojas de laurel

Elaboración

1. Limpiar todas las verduras.
2. Disponer las verduras en una olla, mojar con el agua y poner a hervir durante 2 horas.
3. Colar, dejar enfriar y guardar en el formato que se desee.

FONDO CLARO
para obtener 2,5 litros de caldo

4 litros de agua	1 rama de apio
1 zanahoria	2 hojas de laurel
1 puerro	4 carcasas de pollo

Elaboración

1. Limpiar todas las verduras.
2. Lavar unas carcasas de pollo cortadas en pedazos y ponerlas a hervir en agua fría. Tirar el agua del primer hervor y lavar los pedazos de carcasa.
3. Introducir todos los ingredientes en una olla y dejar hervir durante 2,5 horas.
4. Colar, dejar enfriar y guardar en el formato que se desee.

FONDO OSCURO

para obtener 2,5 litros de caldo

4 litros de agua	500 g de recortes
1 zanahoria	de carne ternera
½ puerro	2 tomates
1 rama de apio	½ litro de vino tinto
2 hojas de laurel	
1 kilo de huesos	
de ternera	

Elaboración

1. Disponer los huesos y la carne de ternera en una bandeja de horno y hornear a 180°C hasta que queden bien dorados.
2. Añadir las verduras cortadas en trozos irregulares y dorar en el horno todo el conjunto.
3. Una vez que esté todo bien asado, disponer la carne, los huesos y la verdura en una cazuela.
4. Poner la cazuela en el fuego, añadir el vino tinto y dejar reducir ¾ partes del líquido.
5. Añadir el agua y dejar cocer durante 2,5 horas.
6. Colar, dejar enfriar y guardar en el formato que se desee.

FUMET DE PESCADO

para obtener 2 litros de caldo

3 litros de agua	700 g de marisco:
1 zanahoria	cangrejos, galeras
½ puerro	o cabezas
1 rama de apio	de gamba
2 hojas de laurel	250 ml de aceite
1 kilo de pescado	de oliva
para sopa: cintas,	
cabeza de rape, etc.	

Elaboración

1. Disponer el aceite de oliva en una cazuela.
2. Añadir el marisco y el pescado previamente limpio y dejar sofreír bien.
3. Agregar las verduras cortadas en trozos irregulares.
4. Mojar con el agua y dejar cocer durante 40 minutos.
5. Colar, dejar enfriar y guardar en el formato que deseemos.

→ Si quieres hacer un fumet rojo, añádele tomate rallado, pimentón o hasta lo puedes flambear con un chorro de brandi.
→ Otra forma de hacer un fumet de escándalo es añadir un muslo de pollo y costilla de ternera, previamente asados al horno, y dejar cocer unos 60 minutos; espectacular para mojar arroces.

EL SOFRITO

Es nuestra base de cocina por excelencia para elaborar guisos, arroces, sopas, caldos...

EL SOFRITO

150 g de aceite
de oliva virgen

4 dientes de ajo

1 kg de cebolla

400 g de tomate
triturado

Elaboración

1. En un recipiente, disponer el aceite de oliva virgen.
2. Incorporar el ajo picado y rehogar hasta que coja color.
3. Añadir la cebolla picada y rehogar a fuego suave para que vaya perdiendo el agua que contiene sin llegar a tomar color, puesto que la cocción es larga y si se oscurece al comenzar desprenderá sabores amargos.
4. Su color se vuelve anacarado y brillante, y se empieza a liberar el azúcar que contiene. El siguiente paso es que empiece a tomar un bonito color dorado (que no negro).
5. A partir de aquí, añadir el tomate triturado y dejar cocer unas 4 horas a fuego suave.
6. Cuando la cebolla y el tomate hayan perdido su agua natural, añadir un poco de agua para evitar que se queme el sofrito. Es posible que tengas que repetir este paso 2-3 veces hasta que consigas una textura de mermelada. Cuando lo pruebes la cebolla estará totalmente cocinada y el tomate no resultará ácido.

AÑADIENDO NUESTRO TOQUE PERSONAL

 Una vez que tengas claro el proceso, será muy fácil pararse a pensar qué vamos a cocinar y cómo podemos dar un toque distinto a nuestra base de cocina por excelencia.

Prueba a añadir jengibre picado finamente; pimiento rojo y verde pelado en dados para obtener unos arroces increíbles; puerro, chalotas, zanahoria...

¿QUÉ CANTIDAD DEBERÍA USAR POR PERSONA?

Con un poco de un sofrito tan concentrado y de tanta calidad daremos sabor y color a nuestros platos favoritos.

· 25 gramos por persona es perfecto para un arroz, un guiso o cualquier elaboración que desees preparar.

¿CUÁL ES LA MEJOR FORMA DE CONSERVARLO?

Lo ideal es congelarlo. Cuando lo prepararemos haremos una buena cantidad, ya que requiere tiempo y así lo aprovechamos.

 TRUCO: Un buen truco es pesar y congelar en una cubitera por raciones. Si sois dos o más en casa, puedes dejarte pesada la cantidad justa para la familia.

LA «PICADA»

La picada es una de las elaboraciones básicas de la cocina catalana, su origen se remonta a la época medieval. El nombre le viene de picar o golpear con la mano o maza los distintos ingredientes que pongamos en el mortero, hasta conseguir una pasta más o menos líquida y más o menos homogénea.

LA RAZÓN DE AÑADIR UNA PICADA A NUESTRAS PREPARACIONES

Con ella conseguiremos aportar sabor, color y también espesar, en función de lo que incorporemos al mortero. Redondeará el plato y, si la añadimos al final, refrescará con nuevos aromas y sabores.

LA PICADA Y SUS VARIANTES

Veamos qué ingredientes son los más empleados para la picada, y su utilidad.

Frutos secos

Piñones, avellanas, nueces y pistachos, crudos o tostados (mayor intensidad y aromas más pronunciados) nos aportarán sabor y ayudarán a ligar la salsa de aquellas elaboraciones que la contengan, como los guisos.

Azafrán

Este ingrediente único aportará color y aroma. Es necesario tostarlo ligeramente para que desarrolle todo su potencial aromático.

Chocolate

Nos aportará color, aroma y ayudará a ligar la salsa.

Ñora o pimiento choricero

Como cualquier chile seco nos aportará aroma y sabor. En algunos casos, un toque picante. Tuéstalos para que desarrollen todo su potencial.

Hierbas frescas

Además de su sabor y aroma, pueden aportar color.

Galletas, panes y picos

Nos aportarán ligazón y, en el caso de emplear galletas o panes dulces, potenciarán el sabor sin que se llegue a notar su presencia en el plato.

Hígado, sesos o riñones

Por ejemplo, de un conejo para un arroz, nos aportará textura y mucho sabor de fondo.

Los alcoholes

Nos aportan su aroma y ayudan a formar la pasta en caso de que la picada sea muy seca o a diluirla para incorporarla de forma más homogénea en la elaboración.

TRUCOS:

→ Para usar los hígados y demás vísceras, es mejor dorarlos en la cazuela donde se vaya a realizar el plato para que nos dejen parte de su sabor desde el comienzo y para que la picada sea más aromática.

→ A falta de mortero, podemos echar mano de la picadora eléctrica.

→ Prueba a asar los ajos o los tomates para tener una picada diferente y deliciosa.

GUISOS

Una vez aprendidas las tres elaboraciones básicas, ya podemos empezar a cocinar.

EL PRODUCTO: TÉCNICA Y TIEMPO

Para facilitar la digestión de algunas piezas de carne, se requiere un tiempo mayor de cocción, debido a su contenido en colágeno, que las hace más duras. En cambio, el tiempo en la cazuela las vuelve gelatinosas y suculentas. Además de estas piezas, como el jarrete o las carrilleras, se puede añadir a la cazuela todo aquello que se desee, puesto que los guisos son un gran plato de larga tradición en nuestra cultura gastronómica.

Una vez escogido el ingrediente, podemos optar por dorarlo por fuera para que nos aporte un sabor extra durante la cocción, enharinarlo y freírlo ligeramente en la cazuela para que nos espese la salsa, marinarlo antes de guisar para que la carne resulte más blanda y, además, tome sabores de las hierbas aromáticas de la marinada.

POTENCIADORES DEL SABOR

Son los mejores aliados para aportar persona-

lidad a los platos. Podemos diferenciar entre tres potenciadores principales:

Sofrito

Existe un amplio abanico de sofritos para potenciar el sabor de un guiso, pues disponemos de innumerables hortalizas para enriquecer nuestro fondo de cazuela.

Potenciadores aromáticos

A continuación, podemos añadir potenciadores aromáticos; mojar alegremente con vino tinto, que aportará aroma y color; cava; brandi o cualquier espirituoso que se precie. Es importante que el alcohol se evapore para que no deje un sabor desagradable. Podemos especiar nuestra elaboración con canela, clavo, cardamomo o nuez moscada para darle personalidad o añadirle un atadillo de hierbas frescas para aromatizar.

Líquido

Por último, el líquido con el que vamos a mojar el guiso. Si añadimos fondo en lugar de agua, conseguiremos más sabor. En este libro se han incluido algunas recetas para elaborar grandes fondos en casa (ver página 35).

ACABADOS: DÁNDOLE EL TOQUE FINAL

La última parte es fundamental, puesto que además de aportar sabor al guiso, nos dará la textura deseada para que todo el conjunto quede en armonía.

Podemos añadir una picada para espesar la salsa, como hemos explicado, ligarla con un poco de almidón o harina diluida en agua, añadir unos dados de mantequilla y dar unas vueltas para que acabe de ligar, retirar el producto guisado y reducir la salsa hirviendo hasta que tenga el espesor deseado, y añadir de nuevo la carne, triturar la salsa para que espese con las verduras, etc.

Ahora toca poner a prueba las recetas del libro, divertirse y volar tomando como referencia esta herramienta y probando en casa con nuevos ingredientes y diferentes maneras de potenciar el sabor de nuestros guisos.

ARROCES

Hay mil y una maneras de hacer un buen arroz. Vamos a ver los factores cruciales para elaborar el nuestro.

TIPOS DE ARROCES

Principalmente destacamos dos tipos de preparación: el **arroz seco**, en cuyo resultado final no hay nada de caldo. El **arroz caldoso** o **meloso**, en que el líquido está presente a la hora de consumirlo. Es importante tener en cuenta que el arroz caldoso o meloso debe consumirse al momento, pues si se deja reposar, el grano absorberá el resto del líquido y se pasará.

Hay un tercer tipo, el **risotto** italiano, en que el arroz se manteca al final de la elaboración con grasa, principalmente queso y unos dados de mantequilla. Tiene una textura muy cremosa.

FACTORES PARA UNA BUENA EJECUCIÓN
El recipiente

Como hemos visto antes, hay diferentes formas de cocinar el arroz. Si queremos hacer un arroz seco, utilizaremos la paella típica valenciana; al ser muy ancha, conseguiremos una buena reducción y evaporación del caldo y que el arroz quede bien esparcido en el recipiente y suelto. En cambio, si lo que pretendemos es conseguir un arroz meloso o caldoso, el mejor recipiente

es una cazuela, ya que se evaporará menos el caldo y podremos trabajar mejor el arroz.

La proporción de caldo y arroz

Aspecto muy importante para conseguir el objetivo de la preparación que queramos hacer, siempre variará en función del grano que vayamos a cocer, los parámetros que presentamos ahora son para arroz tipo bomba.

Arroz seco: por cada 85 g de arroz por persona, multiplicamos por 3 de caldo; ejemplo de arroz para 4 personas: 340 g de arroz bomba por 1 litro de caldo.

Arroz meloso: por cada 85 g de arroz por persona: multiplicamos por 3,4 de caldo; ejemplo de arroz para 4 personas: 340 g de arroz bomba por 1.156 g de caldo.

Arroz caldoso: por cada 85 g de arroz por persona: multiplicamos por 4 de caldo; ejemplo de arroz para 4 personas: 340 g de arroz bomba por 1.360 g de caldo.

Fideuá: por cada 100 g de fideos por persona: multiplicamos por 3 de caldo; ejemplo de fideuá para 4 personas: 400 g de fideos por 1.200 g de caldo.

El fuego

La cocción del arroz nunca debe pasar de 20 minutos. Si quieres hacer el arroz seco, la superficie tiene que estar bien plana y toda con la misma temperatura; así conseguiremos que todo cueza por igual y quede bien homogéneo. Un arroz también se debe cocer a una temperatura alta, para conseguir que el líquido se evapore y se concentre al máximo el sabor. Otra forma de hacer los arroces es terminarlos en el horno; en este caso dejaremos una cocción al fuego de 12 minutos y los acabaremos

6 minutos en el horno a 200 °C, así conseguiremos que la capa superior quede bien seca.

El *socarrat*

Parte fundamental de un buen arroz seco, al evaporarse el caldo mezclado con las féculas del arroz, conseguimos una caramelización en la base de la paella. En este momento hay que bajar la temperatura de cocción para evitar que se queme.

 Recuerda dejar siempre **reposar** los arroces secos unos 5 minutos tapados con un trapo.

¿CUÁL ES EL ORDEN DE PASOS PARA UN BUEN ARROZ?

1. Hacer la marca

En el mundo profesional, la marca hace referencia al dorado previo y la precocción de las bases del arroz, es decir:

· Dorar el producto base. Esta precocción nos ayuda a conseguir el dorado superficial (reacción de Maillard) del ingrediente base (sepia, calamar, conejo, etc.).
· Incorporar el sofrito al producto base (véase página 37).
· Tostar el azafrán y agregarlo a la mezcla.

2. Incorporar el arroz

Hay dos formas de incorporar el arroz, la que más utilizo consiste en añadir el arroz en el sofrito una vez realizada la marca, dejarlo anacarar, sofreírlo todo unos minutos y directamente mojar con el caldo. La otra manera consiste en hacer la marca y añadir el caldo; dejar hervir el caldo y después añadir el arroz.

3. Mojar con el caldo

El caldo siempre deberá estar a punto de ebullición; así, al incorporarlo nunca pararemos la cocción del arroz.

4. Incorporar el resto de los ingredientes

Una vez que tengamos el arroz en marcha y queden unos 8 minutos para acabarlo, hay que incorporar los ingredientes que tienen una cocción más delicada, como mejillones, almejas, trocitos de pescado, etc.

5. El acabado

Después de agregar el último ingrediente, es el momento de, si queremos, incorporar alguna picada.

LA SAL EN LOS ARROCES

Siempre se probará de sal una vez que incorporemos el caldo, que debe ser un poco más suave que el punto de sal deseado, ya que si no, al reducirlo, nos quedaría salado.

41

SALSAS

Las salsas nos ayudan a potenciar el sabor, mejorarlo, crear combinaciones nuevas, mantener el producto jugoso y, en definitiva, a disfrutar más nuestras elaboraciones.

¿CUÁNTOS TIPOS DE SALSAS HAY?

Existen miles de salsas, pero muchas son variantes de otras; aquí os proponemos 5 salsas base. De estas salsas podrás obtener cientos más.

LA MAYONESA

En representación de las emulsiones, tenemos la mayonesa.

¿Cómo se hace y por qué emulsiona?

Una emulsión es una mezcla homogénea de dos líquidos que no se mezclan entre sí por norma general, como el agua y el aceite. Gracias a algunos productos que contienen propiedades emulsionantes como son el ajo y el huevo, logramos crear una mezcla estable. La mayonesa original se hace a partir de yema de huevo, una pizca de sal, unas gotas de limón o vinagre y aceite.

1. Ponemos en un mortero una yema de huevo, una pizca de sal y pimienta, y unas gotas de ácido (vinagre o limón).
2. Mezclamos bien y añadimos aceite a hilo. De esta manera, removiendo de forma circular, vamos separando el aceite en gotitas pequeñas que se pueden distribuir.
3. Paramos cuando el espesor es el deseado.

Para no complicarse en la cocina, se puede acelerar mucho el proceso con un brazo batidor.

1. Añade un huevo entero al vaso del brazo batidor, una pizca de sal, pimienta y unas gotas de limón o vinagre. Tritúralo todo y mézclalo bien.
2. Añade el triple de grasa de lo que mide el huevo. Si tienes un dedo de huevo, tres de aceite.
3. Tritura apoyando el brazo en el fondo del vaso y no lo levantes, para que la grasa vaya entrando y rompiéndose lentamente en pequeñas gotitas.
4. Cuando veas que se forma una pasta, puedes levantar ligeramente. Y ¡listo! No falla nunca.

¿Y si falla y se corta la mayonesa?

Normalmente ocurre por hacerla con prisa o porque falta o sobra alguno de los componentes: agua, líquido o grasa.

Si la estás haciendo de forma manual, prueba a pasarla por el brazo batidor. Ayuda mucho a homogeneizar.

Antes de hacer alquimia en la cocina, es mejor empezar con una yema de huevo en la base junto con unas gotas de vinagre e ir añadiendo poco a poco la mayonesa cortada. Con paciencia conseguiremos recuperarla.

¿Qué variantes podemos preparar con esta salsa? Este cuadro es un referente para las variantes más aceptadas y empleadas en cocinas profesionales. Pero las posibilidades son prácticamente infinitas.

VARIANTES DE MAYONESA

Andaluza: 200 g de mayonesa, 20 g de tomate concentrado y 3 tiras de pimiento rojo asado, picado.

Chantilly: 200 g de mayonesa, 50 g de nata batida al momento.

Muselina: 200 g de mayonesa, 50 g de nata montada.

Gribiche: yema de huevo duro, mostaza, alcaparras, pepinillos, hierbas frescas (perejil, perifollo, estragón), clara de huevo duro picada.

Tártara: 200 g de mayonesa, huevo duro picado, cebollino y pepinillos.

Rosa o cóctel: 200 g de mayonesa, 50 g de kétchup, un chorrito de salsa Perrins.

SALSA HOLANDESA

¿Quieres subir de nivel? La mayonesa es la reina de las emulsiones, pero la salsa holandesa no se queda atrás. Se trata de una emulsión tibia, que en lugar de utilizar aceite, como la mayonesa, utiliza mantequilla clarificada (sin suero, solo la grasa). Es ideal para acompañar los famosos huevos Benedict o unos vegetales gratinados.

4 yemas de huevo
225 ml de mantequilla clarificada
zumo de medio limón
sal al gusto

En un baño maría, montar las yemas con el zumo de limón. Poco a poco añadir la mantequilla tibia mientras se emulsiona con ayuda de unas varillas. Batir hasta obtener una textura cremosa similar a la de una mayonesa ligera.

LA BECHAMEL

Vamos a ver todos los secretos de una salsa infalible en la cocina y que gusta a niños y adultos por igual. Pero ¿cómo se hace y por qué espesa?

Empecemos por el final. Para que espese la bechamel, necesitamos una pasta elaborada con grasa y harina llamada «roux». La mezcla clásica por excelencia es mantequilla y harina de trigo a partes iguales. Según la proporción de roux obtendremos salsas más espesas o más ligeras. En el caso de la bechamel, la textura es un punto intermedio entre la velouté (caldo claro espesado con roux) y la masa de croquetas, cuya textura debe permitir el correcto boleado, para su posterior rebozado y fritura.

Vamos a ver cómo se hace la base para luego explorar múltiples opciones:

1. En un cazo, calentar la leche y poner al punto de sal y pimienta.

2. Pesar la mantequilla y la harina. En el recipiente definitivo (ten en cuenta que tiene que caber la leche), fundir la mantequilla a fuego bajo e incorporar la harina tamizada para evitar grumos. Con un colador de malla es suficiente.

3. Trabajar la pasta de harina y mantequilla a fuego bajo. No queremos que tome color, pero sí que la harina pierda el sabor a crudo tan desagradable.

4. A los 6-8 minutos, añadir parte de la leche caliente. Esto hará que la harina no forme grumos, puesto que el grano de almidón se llenará de líquido y no se bloqueará con la leche caliente.

5. Remover bien con unas varillas hasta obtener una masa lisa. Añadir el resto de leche caliente.

6. En cuanto empiece a burbujear, está lista. Probar y rectificar de sal y pimienta. La nuez moscada combina de maravilla, pero su uso no es obligado (ni recomendable para todas las preparaciones).

¿Quieres una bechamel más cremosa? ¿Y quién no? Una vez realizada la bechamel, incorpórale una buena cucharada de queso crema y tritúrala, conseguirás enriquecer tu bechamel y a la vez te quedará muy cremosa.

VARIANTES DE BECHAMEL

Mornay: 1 litro de bechamel, 4 yemas y 100 g de emmental.
Aurora: 1 litro de bechamel y 300 g de salsa de tomate.
Soubise: bechamel con cebolla pochada.
Finas hierbas: 1 litro de bechamel, perejil, perifollo y estragón picado y unos dados de mantequilla.

PROPORCIONES DE ROUX Y LÍQUIDO		
NOMBRE	CANTIDAD DE LÍQUIDO	ROUX
VELOUTÉ	1 litro	30 g de mantequilla y 30 g de harina
BECHAMEL	1 litro	60 g de mantequilla y 60 g de harina
MASA DE CROQUETAS	1 litro	120 g de mantequilla y 120 g de harina

 Como has podido observar, el **roux** es el encargado de espesar la bechamel. Si lo aplicamos a otras elaboraciones, podremos obtener resultados muy interesantes.

SALSA DE CARNE

Esta salsa recibe el nombre de «demi-glace». Se trata de una salsa creada con la reducción de un fondo de carne hasta conseguir una textura de salsa que pueda glasear o napar el producto deseado.

¿Cómo se hace? Para lograr un color más oscuro, podemos empezar añadiendo un buen chorro de vino a la cazuela, evaporar el alcohol y seguir añadiendo el fondo oscuro de ternera. Se trata de reducir su volumen por evaporación hasta que tenga el gusto deseado. Poner a punto de sal al final, para evitar que quede muy salado, y, si falta espesor, hay varias opciones, aunque la cantidad de gelatina que contiene esta salsa la hace muy suculenta y con el espesor adecuado.

1. Tan solo con unos dados de mantequilla al final podrás espesarla, siempre y cuando no esté demasiado líquida.

2. Con maicena o harina diluidas en un poquito de agua y añadidas a la salsa lograrás el mismo resultado. Tienes que llevar a hervor para que haga efecto y se elimine el sabor a crudo de los almidones.

Proporciones: 40 g de mantequilla, 4 escalonias, 200 g de vino tinto, 1,5 litros de fondo oscuro.

¿Dónde la podemos usar? Es una salsa que tiene muy poco rendimiento: con 1,5 litros de fondo se obtienen unos 375 g de salsa. Un gran tesoro culinario que no derrocharás a lo loco, pero que, puestos a imaginar, queda bien en una gran cantidad de platos. Acompaña de maravilla a una chuleta, un solomillo al punto o cualquier preparación de carne de ternera.

Pero puestos a soñar, añádela a unas patatas fritas con un par de huevos encima y trufa negra rallada, o a un revuelto de setas, a unas albóndigas con sepia, una picada de frutos secos y un manojo de hierbas frescas.

VARIANTES DE SALSA DE CARNE

Madeira: 100 g de vino madeira reducido a seco y añadir salsa demi-glace.

Périgueux: por cada 500 g de demi-glace, ligar con unos 25 g de mantequilla bien fría y acabar con 5 ml de esencia de trufa y 10 g de trufa rallada.

Perigourdine: por cada 500 g de demi-glace, ligar con unos 50 g de puré de foie y acabar con 5 g de trufa rallada.

LA VINAGRETA

La vinagreta no deja de ser una emulsión, pero tiene como ingrediente o sabor principal un ácido. En comparación con la mayonesa, esta emulsión no suele ser estable y sus componentes se acaban separando.

¿Cómo se hace? La regla general es una proporción de una por tres, 1 parte ácida (vinagre o zumo de limón) por 3 partes de grasa. Pero las reglas están para romperlas.

Además, podemos añadir otros sabores a nuestras vinagretas para jugar con el paladar: miel, trozos de fruta dulce, melazas o fruta deshidratada para lograr ese sabor dulce que tanto nos gusta. Anímate con unos chiles o unas gotas de tabasco para que tenga un toque picante o incluso juega con los amargos, como el enebro o la angostura. Compotas, mermeladas y jaleas, higos, tomate deshidratado en aceite, queso, otras salsas como la mostaza, salsa Perrins, tamarindo, pasta de cacahuete…, ¡no hay límites!

¿Dónde la podemos usar? En multitud de preparaciones: desde una simple vinagreta para una ensalada rápida a un salpicón de marisco o unas verduras salteadas, o para refrescar y dar acidez a una preparación con pescado.

 TRUCO

Para preparar en un momento la vinagreta, conviene tener un bote de cristal de cualquier conserva que hayamos comprado y mezclar los ingredientes dentro, agitándolos como si estuviéramos haciendo un cóctel. De esta manera conseguiremos una mezcla homogénea y podremos repartir la vinagreta por la preparación fácil y rápidamente.

A continuación os muestro un recuadro de posibles bases ácidas, grasas, además de algunos *toppings* para customizar nuestras vinagretas. En esta ocasión serás tú quien tome las decisiones para elegir y mezclar los ingredientes.

COMBINACIONES DE VINAGRETA					
BASE		MÚLTIPLES COMBINACIONES			
ÁCIDO	GRASA	DULCE	SALADO	PICANTE	AROMÁTICOS
vinagre de: · manzana · jerez · módena · chardonnay · cabernet sauvignon · merlot · kombucha zumo de: · limón · lima · naranja agria · pomelo · manzana ácida	· aceite de oliva virgen extra · yogur · nata agria · mayonesa	· mermeladas · compotas · fruta en dados · zumos de fruta · fruta seca · fruta en almíbar · miel y endulzantes vegetales	· salsa de soja · cacahuetes · frutos secos · tomate seco en aceite · queso · anchoas	· jengibre · pimientas · chiles · tabasco · mostaza · wasabi	especias: · canela · pimientas · cardamomo · curri hierbas: · eneldo · menta · albahaca · romero · tomillo · mejorana alcoholes: · whisky · ron

LA FRITURA

¡Aprender a freír correctamente no es difícil!

Siempre que se tenga en cuenta una serie de reglas, el resultado es un dorado crujiente y un producto en perfecto estado de cocción.

Hasta ahora hemos visto cómo trabajar los pescados o las carnes con diferentes técnicas de cocción. Pero la fritura bien se merece su capítulo en este libro. Es una técnica muy castigada por el uso de grasa, pero empleada de manera correcta, proporciona unos resultados increíbles.

LAS CLAVES PARA UNA FRITURA PERFECTA

Recipiente con la profundidad adecuada
Lo que vayas a freír tiene que estar sumergido en el aceite sin llegar a tocar el fondo, para evitar que se queme al contacto con la superficie de la olla o cazuela, más caliente que el aceite.

Equilibrio entre temperatura y tiempo de cocción

La temperatura importa y mucho. No puedes bajar de 160 °C, puesto que el producto se empapará de aceite por falta de calor. La temperatura idónea es de 160-180 °C en función del ingrediente y su grosor. No es lo mismo freír una berenjena de un dedo de grosor que una pechuga de pollo muy fina rebozada.

· Hazte con un termómetro de cocina. Son baratos y podrás usarlo para revisar la temperatura del aceite y saber la del interior de las carnes cuando las cocines.
· Fríe en pequeñas cantidades sin ocupar toda la cazuela o freidora, y, al retirar el producto, espera a que se recupere la temperatura. Un minuto puede marcar una diferencia notoria en el resultado.

El medio graso

Emplea un buen aceite de oliva virgen extra para lograr un resultado de 10; perfumará más tus frituras, aunque también se puede freír en aceite de oliva 0,4. Si quieres freír a temperaturas más altas y que aporten poco sabor, el aceite de girasol es perfecto.

TRUCO PARA PATATAS FRITAS

Para obtener un resultado óptimo, es recomendable precocinar las patatas a 140 °C hasta que estén blanditas y luego freírlas a 180 °C hasta que estén bien crujientes y melosas en el interior.

TIPOS DE FRITURA

En función del resultado que queramos obtener, debemos aplicar una técnica u otra. A continuación se explican las técnicas más usadas:

Andaluza

Esta técnica se utiliza como norma general para freír pescados. Se basa en enharinar ligeramente el producto con harina de trigo y freír a alta temperatura con el fin de que la harina quede un poco crujiente.

· Antes de pasar los pescados por la harina, sálalos y rocíales un poco de zumo de limón.
· Sustituye por otros tipos de harina, como la de garbanzos.
· Limpia al pescado con agua y así se humedecerá un poco; al enharinar quedará una fritura perfecta.

Romana

Enharina el producto que quieras freír, pásalo por huevo previamente batido, y obtendrás una fritura muy melosa con el contraste crujiente de la puntillita que te formará el huevo.

Empanado

El empanado es el mismo procedimiento que la romana, pero una vez pasado por el huevo, se reboza en pan rallado. Al freír se consigue una textura muy crujiente.

· Sustituye el pan rallado por otros elementos, como maíz, cereales, etc. Conseguirás unos crujientes espectaculares.
· Añádele sabores al pan rallado, como curris, picantes, etc.
· Haz tu propio pan rallado con panes de diferentes sabores, como pasas y nueces, etc.

Tempura

Tres cucharadas soperas de harina de arroz (o de trigo convencional), una cucharadita de levadura química y un buen chorrete de una cerveza bien fría hasta tener una pasta envolvente. Sumerge los productos enharinados y fríe.

· Añádele tinta de calamar y obtendrás una tempura negra.
· Incorpórale unas hebras de azafrán y conseguirás una tempura de un color espectacular y muy aromática.

SAZONAMIENTOS DE ESCÁNDALO PARA TUS FRITURAS

Además de darle un toque a nuestro rebozado, como hemos visto, podemos sazonar el producto que vamos a freír para darle más chispa y así cambiar el resultado completamente. ¡O dar un toque al aceite!

1. Adobar previamente; el producto adquirirá un nuevo sabor (ver página 49).
2. Utilizar una sal aromatizada para darle un toque extra.
3. Emplear ralladura de algún cítrico que aporta frescor a los rebozados.
4. Combinar las frituras con diferentes mayonesas.
5. Espolvorear encima del producto mezclas de especias que se encuentren en el mercado, como curri, sichimi togarashi, etc.

CUATRO TÉCNICAS: MARINADO, ADOBO, ESCABECHE, CURADOS

Se trata de técnicas facilísimas que pueden enriquecer tus preparaciones sin agobios ni laboriosas elaboraciones.

EL MARINADO

Se trata de una técnica de cocina que favorece la conservación de los alimentos, aporta sabor y, en muchas ocasiones, como en las carnes, mejora la textura, que resulta más blanda y jugosa.

¿Por qué tiene estos efectos? Pues porque en la marinada se incluyen componentes que actúan conservando, enriqueciendo el sabor y mejorando la textura. Veamos qué componentes consiguen esa textura tan deliciosa en las carnes.

Los ácidos

El entorno ácido evita que se desarrollen los gérmenes y se favorece así la conservación. Además, las carnes quedarán más jugosas y blandas por el efecto del ácido sobre las fibras.

¿Un ejemplo? En pescados, vemos que los boquerones en vinagre, aun estando crudos, se conservan debido a la acción del vinagre, que cuece o transforma el pescado.

En carnes, vemos que la acidez del vino en una carne que dejamos marinando actúa sobre esta para hacerla más jugosa.

Las frutas tropicales

La piña, el mango, la papaya… tienen unos componentes que ablandan las fibras de la carne y las vuelven tiernas. Se debe aplicar en crudo para que haga efecto.

¿Un ejemplo? Prueba a dejar unas costillas de cerdo toda la noche sumergidas en zumo de piña casero o cubiertas de láminas de piña, y verás qué jugosas quedan al cocinarlas.

Lácteos

No es nada nuevo, pero la leche ablanda la carne y le aporta una textura muy suave. El yogur también favorece este ablandamiento.

¿Un ejemplo? Prueba a embadurnar carne de cordero en yogur, déjala toda la noche en la nevera envuelta en film y cocina al día siguiente. Si le añades unas especias, al cocinarlo te quedará un plato increíble.

EL ADOBO

Se trata de un marinado que tiene como finalidad conservar y aportar sabor. Se aplica en forma de pasta, por norma general, y sus componentes ayudan a mantener la carne o el pescado en buen estado por más tiempo.

¿Cómo podemos preparar un adobo en casa? A continuación, una receta para carne y otra para pescado.

ADOBO PARA CARNE

2 dientes de ajo picados	blanco
100 g de aceite de oliva virgen	40 g de vinagre de jerez
30 g de pimentón	sal y pimienta
50 g de vino	orégano
	comino

Mezclar en un recipiente todos los ingredientes. Untar la mezcla por la carne dando un masaje y embadurnar la pieza con toda la mezcla. Dejar reposar en la nevera 12 horas y cocinar la carne.

ADOBO PARA PESCADO

1 diente de ajo	sal
1 rama de perejil picado	40 g de vinagre de jerez
1 rama de hierbabuena picada	50 g de aceite de oliva virgen
1 g de comino	

Mezclar en un recipiente todos los ingredientes. Untar la mezcla por el pescado dando un masaje y embadurnar el pescado con toda la mezcla. Dejar reposar en la nevera 1 hora y cocinar el pescado.

EL ESCABECHE

Otro marinado muy conocido. Se trata de un método de conservación por acidez muy empleado en nuestra cultura, en el que los productos se mantienen en vinagre y donde el aceite también tiene su función protectora.

¿Qué tipos de escabeche hay? Tantos como ingredientes quieras incorporar a la mezcla. Podemos hacer un escabeche más cítrico, añadir un vino oloroso, jugar con diferentes vinagres, endulzarlo con miel…

Además, podemos escabechar todo aquello que se nos ocurra: aves, carnes, setas, verduras, pescados, mariscos… Se pueden consumir calientes o, una vez cocinados, tomar directamente de la nevera. Una ensalada de perdices escabechadas es una delicia.

RECETA BASE DE ESCABECHE

2 cebollas	50 g de vinagre
2 zanahorias	de jerez
5 dientes de ajo	10 bolas de
2 ramas de tomillo	pimienta negra
1 rama de romero	2 hojas de laurel
1 cucharada de	una pizca de sal
pimentón dulce	
300 g de aceite	
de oliva virgen	

1. Disponer una cazuela al fuego, incorporar el aceite de oliva y los dientes de ajo, y dejar que el aceite se dore y se infusione. Incorporar la cebolla cortada en juliana y dejar pochar durante 10 minutos. Añadir la zanahoria cortada en rodajas y acabar de cocer todo el conjunto.

2. Una vez que todo esté cocido, incorporar el pimentón dulce y rápidamente el vinagre de jerez. Dar un hervor y apartar del fuego.

3. Por último, incorporar el tomillo, el romero, el laurel y la pimienta y dejar reposar 12 horas.

4. Prueba a enharinar y freír unos filetes de caballa o sardinas, y añádelos al escabeche una vez cocinado. Al día siguiente, directas de la nevera y sobre un buen pan, serán un almuerzo increíble.

5. Usa el mismo escabeche para cocinar dentro unas codornices y tendrás un plato delicioso. Misma preparación, diferente producto.

LOS CURADOS

Es increíble lo fácil que resulta esta técnica y cuán poco se emplea en casa.

¿Qué es curar? Es una técnica que nos permite extraer humedad al producto y, por ende, aumentar su tiempo de vida al eliminar el agua. Lo bueno de todo esto es que su sabor se modifica y concentra, y se obtiene un resultado delicioso.

EL SALMÓN CURADO A LAS FINAS HIERBAS MÁS INCREÍBLE QUE VAS A PROBAR

1. Hazte con un buen pedazo de salmón, preferiblemente del centro del pescado, y pide a tu pescadero que le retire piel y las espinas.

2. Reboza el salmón con hierbas frescas, como eneldo o estragón; elige la que prefieras.

3. Mezcla en un recipiente 1 kilo de azúcar con 1 kilo de sal.

4. En una fuente, incorpora parte de esta mezcla en la base, pon el salmón con las hierbas encima y cúbrelo con el resto de la mezcla.

5. Déjalo como máximo hasta 12 horas, más no porque quedará muy seco.

6. Sácalo de la mezcla, lávalo debajo del grifo rápidamente y sécalo con papel absorbente.

7. Solo queda disfrutar: córtalo en láminas y sírvelo sobre tostadas con crema agria, aguacate, ensaladas, en un bocadillo con queso fresco, rúcula y tomate deshidratado.

ELABORACIONES BÁSICAS DE PASTELERÍA

En el mundo de la pastelería existen masas para cada tipo de receta, es decir, masas para tartas, para crepes, para galletas, etc. En este apartado quiero explicarte alguna de las masas que has de tener siempre como un as bajo la manga para conseguir resultados impresionantes de una manera sencilla.

MASA ARENADA O QUEBRADA

Esta masa nos sirve como base de tartas, tanto dulces como saladas. Es importante tener en cuenta los siguientes consejos para no morir en el intento.

- **Utilizar la mantequilla fría**: es fundamental que la grasa que utilices esté fría, si no, no conseguirás el arenado perfecto.
- **Arenado**: impermeabiliza las partículas de harina al envolverlas en grasa antes de que entren en contacto con el líquido. Esto nos ayudará a conseguir una textura delicada en boca a la hora de comer nuestras tartas y a evitar que la masa se nos humedezca con el relleno.

- **No amasar en exceso**: en el caso de las tartas, solo se busca unir los ingredientes y no añadir elasticidad a la masa. Si le añadimos elasticidad, la masa se encogerá cuando la horneemos.
- **Precocción de la masa o cocer en blanco**: nos ayuda a que la base no suba y a tener una base de tarta lo bastante fuerte para soportar el relleno húmedo sin mojarse. Este tipo de precocción también es útil para los rellenos que necesitan menos tiempo de horno para cocerse, como el caso de la quiche.
- Si queremos variar las recetas, con frutos secos o bien con chocolate, recuerda que has de sustituir una parte del componente seco (harina) por otro componente seco: por ejemplo, si el total de harina son 300 g, para hacer una masa de chocolate necesitaremos sustituir 50 g por cacao en polvo, es decir, 250 g harina + 50 g de cacao en polvo. Lo mismo con las harinas de frutos secos.

MASA QUEBRADA NEUTRA (PÂTE SABLÉE)
Ideal para quiches y tartas con rellenos salados

300 g de harina   8 g de sal
150 g de mantequilla   100 ml de agua
   fría

1. Tamizar la harina y la sal en un bol. Cortar la mantequilla fría en dados y añadirla a la mezcla de harina. Con las manos, friccionar la mantequilla con la harina, haciendo que la masa quede como si fuese arena.
2. Una vez toda la masa «arenada», añadir los 100 ml de agua fría y amasar lo suficiente para que se forme una bola de masa. Es importante no amasar en exceso.
3. Dejar reposar la masa en la nevera durante 30 minutos. Colocar la masa entre dos papeles de horno y, con ayuda de un rodillo, estirar hasta obtener un grosor de aproximadamente 0,4 cm.
4. Retirar del papel y forrar el molde. Cocer en blanco y con un peso encima durante 35 minutos a 180 ˚C. Colocar el relleno y hornear hasta que el relleno esté completamente cocido.

MASA QUEBRADA DULCE
Ideal para tartas dulces con crema, mermeladas y fruta

300 g de harina   60 g de huevo
150 g de mantequilla   50 g de azúcar glas
   fría   1 g de sal

1. Tamizar la harina y la sal en un bol. Cortar la mantequilla fría en dados y añadirla a la mezcla de harina. Con las manos, friccionar la mantequilla con la harina hasta que la masa quede como si fuese arena.
2. Una vez toda la masa «arenada», añadir los 100 ml de agua fría y amasar lo suficiente para que se forme una bola de masa. Es importante no amasar en exceso.
3. Dejar reposar la masa en la nevera durante 30 minutos. Colocar la masa entre dos papeles de horno y, con ayuda de un rodillo, estirar hasta obtener un grosor de aproximadamente 0,4 cm.
4. Retirar del papel y forrar el molde. Cocer en blanco y con un peso encima durante 35 minutos a 180 ˚C. Colocar el relleno y hornear hasta que el relleno esté completamente cocido.

TRUCO
Si la quieres hacer de frutos secos, sustituye 50 g de harina por 50 g de tus frutos secos molidos preferidos. Si la quieres hacer de chocolate, sustituye 50 g de harina por 50 g de cacao en polvo sin azúcar. Si quieres hacer la versión vegana, sustituye la mantequilla por margarina.

MASA ESCALDADA

Esta masa, también conocido como masa choux o masa de buñuelos, se denomina «escaldada» porque se elabora agregando harina a una mezcla de agua hirviendo con sal y grasa. Aunque la base de la masa sea la misma, ten en cuenta que la diferencia es que la masa choux se hornea y la de buñuelos se fríe.

MASA DE BUÑUELOS

120 g de agua	140 g de harina	10 g de azúcar
120 g de leche entera	tamizada	5 g de sal
120 g de mantequilla	240 g de huevos	

1. En un cazo hondo, añadir el agua, la leche, la mantequilla, la sal y el azúcar. Llevar a hervor mezclando constantemente para evitar que se nos pegue en el fondo del cazo.

2. Una vez llegado al punto de hervor, retirar del fuego y añadir la cantidad total de harina. Mezclar con ayuda de una espátula plana o cuchara de madera hasta obtener una masa densa y uniforme que se despegue de las paredes del cazo. Dejar reposar hasta que la masa baje de temperatura, de lo contrario se cocerán los huevos en lugar de formarse la masa choux.

3. Agregar los huevos uno a uno batiendo enérgicamente hasta obtener la textura de «pico de pato», es decir, hasta que al levantar con una espátula la masa, esta forme una especie de pico. Si se hace con batidora, colocar la masa en el bol y con ayuda de la pala de la batidora a velocidad media, añadir los huevos sin dejar de batir la mezcla constantemente hasta obtener una textura de masa suave, lisa y un poco brillante.

Para profiteroles y éclairs

Precalentar el horno a 220 °C. Preparar la bandeja de horno, con papel sulfurizado. Colocar la masa en una manga pastelera con boquilla ancha. Formar los profiteroles sobre la bandeja de horno dejando un poco de margen entre ellos ya que la masa se expande al cocerse. Es importante dejarlos cocer bien para evitar que se desinflen y no podamos rellenarlos.

Para buñuelos de viento

Calentar el aceite de freír (de girasol o cacahuete) a 170 °C.

Con ayuda de dos cucharas, formar los buñuelos y tirarlos al aceite caliente. Es importante regular bien la temperatura del aceite, ya que, si está muy frío, no se inflarán los buñuelos y quedarán aceitosos. Si, por el contrario, el aceite está muy caliente, la masa quedará quemada por fuera y cruda por dentro. Una vez fritos, secar el exceso de grasa y pasarlos por azúcar.

MASA DE HOJALDRE

Es una de las masas bases de la pastelería; sin embargo, hacerla en casa sin las temperaturas ni herramientas adecuadas, y la gran cantidad de tiempo que conlleva, puede convertirse en algo engorroso. Yo recurro siempre a mi pastelería de confianza para que me vendan la masa para cocerla en casa. Con esta masa podrás crear infinidad de recetas como palmeritas, tartas de frutos rojos con cremas, etc.

MASA DE BRIOCHE

La masa de brioche, aunque es una receta de panadería, va muy ligada a la pastelería, ya que nos da mucho juego como base de recetas como las torrijas o las bases de los roscones de Reyes.

Prefermento
120 g de leche entera tibia
75 g de harina de fuerza
6 g de levadura fresca (o 2 g de levadura de panadero)

Masa final
prefermento
235 g de huevos
430 g de harina de fuerza
10 g de sal
60 g de azúcar o miel de abeja
20 g de mantequilla cortada en cubos

1. Elaborar el prefermento mezclando todos los ingredientes en un vaso alto y dejar reposar durante 1 hora.

2. En el bol de la batidora, con el gancho, disponer la harina con la sal, el prefermento y la miel. Amasar hasta conseguir una masa homogénea, unos 10 minutos.

3. Añadir la mantequilla a temperatura ambiente, poco a poco, amasando hasta que la masa la absorba por completo.

4. Amasar durante 20 minutos más, disponer la masa en un recipiente previamente engrasado con mantequilla y dejar fermentar tapado con un trapo durante 1 hora. Una vez pasada la hora, dejar en la nevera cubierto con film durante 8 horas.

5. Sacar la masa de la nevera, desgasarla y darle la forma deseada sobre una superficie previamente enharinada. Una vez formados los brioches, dejar fermentar durante 30 minutos.

6. Pintar con huevo batido y hornear a 190 °C.

MASA PARA CREPES

Para unas buenas crepes es muy importante el tiempo de reposo; de esta manera conseguimos que la harina se hidrate bien y que estén todos los ingredientes correctamente incorporados. Lo bueno de esta receta es que tiene un sabor neutro y te permite hacer crepes tanto dulces como saladas.

250 g de leche entera
1 huevo fresco entero
1 yema de huevo
100 g de harina
  de trigo
60 g de mantequilla
  derretida
30 g de azúcar

1. En un recipiente alto, batir ligeramente el huevo y la yema con el azúcar. Añadir la leche y mezclar hasta incorporar todos los ingredientes. Poco a poco, verter la harina previamente tamizada.

2. Con la ayuda de un brazo triturador, mezclar para evitar la formación de grumos. Añadir la mantequilla derretida, batiendo constantemente, hasta incorporarla por completo a la mezcla. Dejar reposar durante 1 hora en la nevera.

3. Retirar de la nevera y volver a batir con ayuda del vaso triturador. Poner al fuego una sartén pequeña, de unos 10 cm de diámetro, untarla con un poco de mantequilla y, cuando esté caliente, con la ayuda de un cucharón, echar la masa cubriendo toda la base de la sartén, pero sin pasarnos de cantidad, ya que nos deben quedar unas crepes finas. Dorar ligeramente por los dos lados y repetir la operación con el resto de la masa.

MASA DE BIZCOCHO

Para asegurar el éxito de la elaboración es importante tener en cuenta los siguientes consejos:

· Los ingredientes siempre han de estar a temperatura ambiente y pesados. Los bizcochos requieren exactitud para garantizar la esponjosidad y la textura.
· Tamizar la harina y demás ingredientes secos ayudará a integrarlos mejor e impedirá que se bajen mucho los huevos montados.
· Precalentar el horno y no abrir la puerta durante la cocción es fundamental, puesto que los cambios de temperatura harán que baje el bizcocho.
· Puedes aromatizar los bizcochos con vainilla, pieles de cítricos, especias. Ten en cuenta que, si quieres hacer la versión de chocolate, deberás sustituir 50 g de harina por cacao en polvo. Si quieres añadirle frutos secos, deberás sustituir 30 g de harina por tu fruto seco favorito en polvo.

BIZCOCHO BASE (GENOVÉS O BIZCOCHO ESPONJA)

150 g de huevos a temperatura ambiente	75 g de azúcar
	75 g de harina floja

Método 1: Con huevos enteros sin separar

1. Precalentar el horno a 180 °C con calor arriba y abajo. Preparar el molde deseado.
2. Con un batidor eléctrico, montar los huevos a temperatura ambiente con el azúcar hasta que triplique su volumen y quede una masa lisa, homogénea y fluida (punto de cinta o ruban, es decir, que al caer lo hace como una cinta sin cortarse ni caer a borbotones).
3. Agregar la harina tamizada e incorporar con movimientos envolventes con ayuda de una espátula. Este paso ha de hacerse con delicadeza, puesto que no queremos que los huevos bajen y nos quede un bizcocho poco esponjoso.

Método 2: Con las yemas y claras separadas

1. Precalentar el horno a 180 °C con calor arriba y abajo. Preparar el molde deseado.
2. Con un batidor eléctrico, montar las claras a temperatura ambiente con la mitad del azúcar hasta que triplique su volumen y forme ligeros picos.
3. En un bol aparte, montar las yemas con el azúcar restante hasta que duplique su tamaño. Añadir esta mezcla a las claras con movimientos envolventes.
4. Agregar la harina tamizada e incorporar con movimientos envolventes con ayuda de una espátula. Este paso ha de hacerse con delicadeza, puesto que no queremos que los huevos bajen y nos quede un bizcocho poco esponjoso.

Para bizcochos de soletilla

Incorpora la masa en una manga pastelera con boquilla ancha y sobre una placa de horno con papel sulfurizado, forma tiras de unos 3 cm de largo. Una vez formadas todas las tiras, espolvoréalas con azúcar en polvo por encima y hornea durante 15 minutos aproximadamente.

Para planchas de bizcocho (brazo de gitano o capas finas de bizcocho)

Incorpora la masa en una manga pastelera con boquilla ancha y sobre una placa de horno con papel sulfurizado, dispón la masa que se ajuste a la placa, con un grosor aproximado de 1 cm de alto. Hornea durante 15 minutos aproximadamente hasta que esté ligeramente dorada. Deja enfriar fuera de la bandeja de horno para evitar que siga cociendo por el calor residual.

Para bizcocho en capas (*layer cake*)

Engrasa y enharina el molde. Rellena con la mezcla de genovesa y hornea a 180 °C durante 25-30 minutos aproximadamente.

Bizcocho cuatro cuartos o *pound cake*

Es un bizcocho más denso que el genovés y su principal diferencia radica en que lleva la misma cantidad de harina y azúcar que de huevos, y además lleva mantequilla. Los hay en infinidad de versiones. Algunas llevan impulsor porque su carga de grasa es mayor (por ejemplo, el *pound cake* de chocolate), aunque el procedimiento es bastante similar. Toma nota de que puedes disminuir la cantidad de azúcar en un 50 % para que no sea tan dulce o bien utilizar otros edulcorantes aptos para cocinar.

CUATRO CUARTOS

250 g de huevo	250 g de harina
250 g de azúcar	250 g de mantequilla

1. Precalentar el horno a 180 °C y engrasar el molde deseado.
2. Montar las claras de los huevos con 125 g de azúcar hasta obtener un merengue con picos. En un bol aparte, batir la mantequilla pomada con los 125 g de azúcar restante, hasta que la mantequilla blanquee. Añadir los huevos y batir hasta incorporarlos.
3. Tamizar la harina y verterla encima de la mezcla de las yemas. Incorporar y luego añadir las claras montadas con movimientos envolventes, evitando que se baje la mezcla.
4. Verter la masa en el molde deseado y hornear durante 30 minutos aproximadamente (dependiendo de la altura del molde).

MERENGUES

Se componen básicamente de claras de huevo y azúcar, y son la base de muchas recetas de pastelería, como los bizcochos mencionados en el apartado anterior. Para que un merengue quede perfecto, hemos de tener en cuenta que la clara debe estar limpia, es decir, sin yema ni cáscara de huevo. Existen tres tipos de merengues:

MERENGUE FRANCÉS

Se caracteriza porque no se aplica calor en su elaboración; es decir, se montan las claras y se les va añadiendo el azúcar poco a poco. La proporción de claras y azúcar es de 1:1; es decir, 240 g de claras y 240 g de azúcar. Este merengue se utiliza como base para bizcochos, suflés, para leche merengada y macarons o bien secado al horno a 100 °C para obtener merenguitos. Se pueden poner unas gotitas de zumo de limón o una cucharadita de crémor tártaro para estabilizar la mezcla.

MERENGUE ITALIANO

Se caracteriza por escaldar las claras de huevo con almíbar. En este caso necesitaremos 240 g de claras y un almíbar hecho con 120 g de azúcar y 80 g de agua a 120 °C. A medida que se van montando las claras, vamos incorporando en hilo el almíbar. El calor del almíbar ayuda a estabilizar la mezcla. Este merengue es ideal como base para una mousse o bien para decorar tartas (por ejemplo, tarta de limón), ya que su consistencia es firme, untuosa y mantiene la forma.

MERENGUE SUIZO

Se caracteriza por cocer las claras de huevo con el azúcar antes de montarlas. En este caso, la proporción es de 240 g de clara con 480 g de azúcar; se ponen juntas en un cazo y se cuecen, removiendo constantemente con las varillas hasta que el azúcar esté completamente disuelto (sobre los 45-50 °C). Se vuelca la mezcla en la batidora y se monta hasta conseguir una textura de picos. Este merengue es el más cremoso de los tres y es muy estable. Es ideal para decorar tartas o como el *lemon pie*.

CREMAS

Las dos principales cremas de la pastelería son la crema inglesa y la crema pastelera; la gran diferencia entre ambas es que la crema pastelera utiliza espesantes (harina, fécula de maíz o almidón de arroz) para obtener la textura densa que la caracteriza.

CREMA INGLESA

500 g de leche   1 vaina de vainilla

6 yemas   (opcional)

125 g de azúcar

1. En un cazo, calentar la leche con la vainilla y la mitad del azúcar.

2. En un bol, batir las yemas con la mitad restante del azúcar. Escaldar con 100 ml de leche, removiendo constantemente.

3. Añadir el resto de la leche a las yemas y colar con un colador fino. Esto evitará que cualquier grumo que se pueda haber formado con el huevo estropee la crema.

4. Volcar nuevamente el contenido en el cazo y cocer, removiendo constantemente con una espátula hasta llegar a los 80 °C. Colar otra vez el contenido y dejar reposar tapado con film a contacto hasta que se enfríe.

TRUCO

Si quieres hacer la versión de chocolate, una vez que haya llegado la crema a 80 °C, escalda 125 g de tu chocolate preferido (negro, con leche o blanco), mezcla y deja reposar filmado a contacto hasta que se enfríe.

Si quieres hacer una crema montada de vainilla, sustituye la leche por nata con un 35 % MG y haz el proceso según las indi-caciones anteriores. Una vez a 80 °C, añádele 1 hoja de gelatina previamente hidratada y cuélalo. Reserva en la nevera durante un mínimo de 2 horas (hasta que cuaje la gelatina) y móntalo en la batidora con las varillas. Obtendrás una crema ligera que puede usarse como relleno de tartas y pasteles o bien como decoración para estas.

CREMA PASTELERA BÁSICA

500 g de leche

4 yemas

125 g de azúcar

50 g de almidón
   de maíz o 40 g
   de harina

1 vaina de vainilla
   (opcional)

1. En un cazo, calentar la leche con la vainilla y la mitad del azúcar.
2. En un bol, batir con ayuda de unas varillas las yemas con el azúcar restante y el almidón de maíz o harina.
3. Escaldar la mezcla de yemas con 100 ml de la leche hasta que se disuelva el almidón o la harina. Agregar la leche restante, batiendo constantemente, para asegurar que esté bien disuelto.
4. Colar la mezcla, colocarla de nuevo en el cazo y calentar removiendo hasta que espese. Retirar del fuego y volcar en un contenedor plano, preferiblemente de plástico. Filmar a contacto y esperar que se enfríe por completo.

TRUCO

Con estas proporciones de fécula o harina, esta mezcla es ideal para elaborar rellenos de tartas o milhojas.

Si quieres hacer natillas, necesitarás una crema pastelera más ligera, así que reduce la cantidad a 10 g de maicena.

Aromatiza la leche con tus especias favoritas, polvos de fruta liofilizada o cacao en polvo, y juega a versionar la receta de la crema pastelera.

CREMAS DE CÍTRICOS

Una vez dominada la técnica de la crema pastelera, podrás aventurarte a versionarla con cítricos, por ejemplo, el lemon curd; deberás adaptar la receta, pero el método es el mismo.

LEMON CURD

200 ml de zumo
   de cítricos (limón,
   lima, naranja,
   pomelo, etc.)

50 ml de agua

350 g de azúcar

2 huevos enteros

4 yemas

80 g de almidón o
   harina de maíz fina

1. Añadir el zumo, el agua y la mitad del azúcar a un cazo. Calentar hasta que se disuelva.
2. En un bol, mezclar los huevos y las yemas con el azúcar restante y el almidón. Escaldar con 100 ml de la preparación del zumo y batir para evitar que se formen grumos. Volcar el resto del contenido del cazo, remover y colar con un colador fino.
3. Colocar la mezcla nuevamente en el cazo y calentar removiendo constantemente hasta que la mezcla se espese. Retirar del fuego y enfriar sobre una superficie plana.

TRUCO

Para agregarle untuosidad deja que baje hasta unos 80°C y, con ayuda de un brazo triturador, emulsiona la crema con 40 g de mantequilla.

TRUCOS PARA TRANSFORMAR TUS PLATOS

En todos los apartados de este libro podrás ver cómo podemos ir variando los ingredientes de las recetas para conseguir resultados distintos y sorprendentes. En este apartado te enseñaremos unos trucos que utilizamos los cocineros profesionales, para que no te aburras en tu cocina y no pares de innovar en ella.

COMBINAR PRODUCTOS PARA OBTENER NUEVOS SABORES

Parece muy difícil combinar los productos, pero realmente es muy fácil, consiste en verlo desde otra perspectiva, como, por ejemplo:

Melón con jamón, actualmente no es una combinación rara debido a que se ha convertido en un clásico. Pero lo que realmente estamos combinando son productos «dulces frutales» con los sabores salados y curados del jamón.

Es tan fácil como elaborar una lista de productos dulces de diferentes frutas y salados de diversas salazones y así combinarlos entre ellos y encontrar tu combinación favorita.

Con ayuda de la siguiente tabla podrás hacer cientos de combinaciones de productos que resultan una mezcla de sabores espectaculares.

COMBINAR SABORES DULCES Y SALADOS	
SABORES DULCES DE FRUTAS	SABORES SALADOS DE SALAZONES
fresas moras frambuesas arándanos higos cerezas melón sandía pera manzana granada etc.	anchoas sardinas ahumadas arenques mojama huevas curadas salmón curado jamón ibérico jamón de pato cecina

Sigue analizando elaboraciones y haz tus propias listas:

- agrios con dulces
- mar y montaña
- amargos con ácidos
- lácteos con dulces
- yodados con cítricos

COMBINAR PRODUCTOS CON TÉCNICAS, SALSAS Y ELABORACIONES

He querido introducir esta técnica en el libro como gran homenaje a elBulli y a Ferran Adrià por todo el respeto, cariño y admiración que les tengo. Es de las técnicas más utilizadas en el mundo profesional.

Como hemos visto en el punto anterior, consiste en elaborar listados de productos, técnicas, salsas y elaboraciones (introducid todos los campos que creáis necesarios) e ir combinando entre ellas con el fin de obtener miles de resultados.

A continuación, veréis una lista sin apenas ordenar porque el objetivo es que hagáis el ejercicio.

GUÍA DE COMBINACIONES				
PRODUCTO	TÉCNICA	ELABORACIÓN	SALSA	HIERBA AROMÁTICA
bacalao	confitar	ensalada	vinagreta	cebollino
merluza	caramelizar	carpaccio	holandesa	menta
dorada	laminar	tartar	bearnesa	eneldo
salmón	freír	infusión	chimichurri	albahaca
espaldita de conejo	escaldar	helado	pesto	orégano
alitas de pollo	estofar	fondue	romesco	salvia
espinaca	a la sal	pizza	boloñesa	etc.
escarola	al vapor	granizado	etc.	
apio	a la plancha	empanada		
ajos	etc.	coca		
calabaza		empanadilla		
tomate		etc.		
etc.				

Ahora el ejercicio consiste en hacer combinaciones de cada una de las casillas de la tabla y obtener una elaboración. Aquí os dejo dos ejemplos:

→ Carpaccio de salmón caramelizado con salsa holandesa de salvia.

→ Tartar de tomate confitado con vinagreta de albahaca.

Y así, mil elaboraciones diferentes…

SUSTITUIR EL INGREDIENTE PRINCIPAL POR OTRO

Este ejercicio da mucho juego. Los resultados sorprenderán y no dejarán a nadie indiferente.

- Prueba a hacer fricandó de pescado en lugar de ternera.
- Los espaguetis de calabacín son muy saludables y bajos en calorías. También se pueden hacer de sepia o calamar para preparar un plato divertido.
- Falsos arroces con coliflor, trigo sarraceno o cebada, verduras picadas muy pequeñas…
- Haz el mismo plato en diferentes estaciones y adapta los ingredientes a lo que encuentres de temporada en el mercado. El resultado será muy diferente.
- Disfruta mezclando ingredientes procedentes de otras cocinas del mundo: por ejemplo, sustituye sofritos por curri en pasta. Obtendrás unos guisos muy exóticos.

MODIFICAR LA TEXTURA PARA OBTENER UNA ELABORACIÓN DISTINTA

Modificando la textura de los alimentos conseguirás introducir sabores conocidos de maneras diferentes a las habituales.

- Usa gelatina para preparar un postre a partir de un zumo.
- Congela plátano y tritúralo con chocolate, nueces y un poco de leche para tener un helado de fruta delicioso y hecho al momento.
- Tritura legumbres o verduras para obtener purés, cremas y salsas.

- Prueba con frutas liofilizadas para añadir sabores frutales a tus cremas de pastelería.
- Helados para la cocina. Sustituye la mostaza en un steak tartare por un helado de mostaza.
- Atrévete con especias y elementos más propios de la pastelería, como la canela, el anís estrellado y la vainilla. Hay multitud de recetas donde se pueden usar.
- Usa el chocolate para ligar salsas o elaborar un mole y probar otras cocinas.
- Atrévete con la fruta en curris, chutneys, ensaladas, guisos, guarniciones…
- Prepárate un delicioso bocadillo dentro de un cruasán bien planchado.

SENSACIÓN DE TEMPERATURAS

Variar la temperatura, es decir, servir un plato tradicionalmente frío en caliente o viceversa puede causar sensaciones muy distintas e inesperadas en boca.

RECETAS DE 10 A 20 MINUTOS

RECETAS
DE 10 A 20
MINUTOS

DÚO DE SANGRÍAS

14
min

No he encontrado mejor manera de empezar este recetario que haciendo unas buenas sangrías. Cocinar no es solamente elaborar comidas, sino también bebidas. Una de las mezclas más auténticas de nuestra cultura son las sangrías. Así que vamos con estas dos versiones.

SANGRÍA DE CAVA

1 botella de cava

70 ml de zumo de naranja

25 ml de ginebra

25 ml de Cointreau

100 ml de puré de melocotón

80 g de fresas en dados

80 g de frambuesas frescas

40 g de grosellas rojas frescas

250 ml de Schweppes de naranja

50 g de Oleo Saccharum

SANGRÍA DE VINO TINTO

1 botella de vino tinto joven o crianza

50 ml de zumo de naranja

25 ml de zumo de limón

50 g de Oleo Saccharum

1 rama de canela en trozos

10 ml de absenta

35 ml de Cointreau

150 ml de puré de melocotón

50 ml de vino moscatel

250 ml de Schweppes de naranja

1. Juntar todos los ingredientes, excepto el cava (o el vino) y el Schweppes.

2. Cuando se vaya a servir, verter la mezcla en una ponchera, añadir el cava o el vino y cubitos de hielo, y dejar 3 minutos. Ya se puede servir.

Truco

· Para preparar el Oleo Saccharum, una mezcla de azucar y pieles de cítricos diluidos en agua para endulzar y aportar aroma a las elaboraciones, envasar las pieles de 6 naranjas y 6 limones en un táper con 500 g de azucar y dejar reposar durante 24 horas. Pasado este tiempo, diluir con el agua y estará listo para usarse.

Cambia el plato

· Si no dispones de puré de melocotón, muy empleado en pastelería, hazte con unos melocotones en almíbar y pásalos por el túrmix.

· También puedes añadir un combinado de frutos rojos congelados. Es rápido y te salvará de un apuro si no estamos en temporada.

Combina los sabores

· *Picantes y salados*: Muy utilizados en el mundo de la coctelería para pintar los bordes del vaso.

VITELLO TONNATO DE PASTRAMI

10
min

300 g de pastrami

250 g de mayonesa

4 filetes de anchoa

125 g de atún en conserva

40 g de alcaparras

1 limón

20 g de rúcula

un paquete de grisines

Un clásico reinventado, más fácil de preparar y que ahorra tiempo y esfuerzo en la cocina. Plato de origen italiano que suele consumirse en Navidad o fiestas señaladas, pero que, al tratarse de una receta adaptada, podrás disfrutar y preparar en cualquier momento.

1. Poner en un bol la mayonesa, las alcaparras, los filetes de anchoa y el atún con parte de su aceite. Triturar con ayuda de una túrmix.

2. Servir el pastrami en un plato y acompañar con la salsa a un lado o en el centro.

3. Disponer las hojas de rúcula y las alcaparras por encima y rallar la piel de limón para refrescar el plato.

4. Acabar de añadir el resto del aceite del atún para aliñar. Servir con los grisines.

Truco

· ¿Te ha sobrado? Prueba a preparar un delicioso sándwich untando la salsa en el pan, añadiendo rúcula y unas lonchas de pastrami o de tu embutido favorito.

Cambia el plato

· Sustituye la rúcula por canónigos, cogollos, espinacas o albahaca: hay muchas combinaciones posibles.

· Prueba una versión más salada con cecina.

· Si no te gustan las alcaparras, prueba con pepinillos o aceitunas sin hueso cortadas en dados pequeños.

· Para intolerantes al gluten o a la lactosa, hay multitud de variantes de pan o tostadas sin gluten y mayonesas sin huevo que se adaptan perfectamente a la receta.

Combina los sabores

· *Frutos secos*: Juega con distintos tipos de grisines o panes. Algunos contienen semillas y frutos secos que aportarán una nueva combinación de sabor. También es posible añadir frutos secos a modo de picada a la salsa.

· *Dulce de las frutas*: Reparte unos trozos de higos por el plato o láminas muy finas de pera o manzana ácida.

· *Ajo/mostaza*: Aromas penetrantes y sabor picante. Combinan bien con el pastrami y el atún. En forma de aceite de ajo o mostaza antigua para aliñar la rúcula.

· *Picantes*: Utiliza raifort y le aportarás unos matices picantes muy frescos al plato.

ESQUEIXADA DE BACALAO

15 min

400 g de bacalao desalado

4 tomates maduros

28 aceitunas arbequinas o muertas de Aragón (7 por plato) y su líquido de conserva

100 ml de aceite de oliva

perejil picado

pimienta negra

Se trata de una receta tradicional catalana. Esqueixar es la acción de desmigar el bacalao una vez que está salado, para conseguir trozos pequeños. Es una receta muy fácil, pero hay una serie de trucos para hacerla de forma impecable, como escurrir bien el bacalao y secarlo con papel absorbente para que no desprenda agua una vez que incorporemos el tomate.

1. Desmigar el bacalao en un bol grande.

2. Rallar los tomates en el mismo bol descartando la piel.

3. Incorporar una parte del aceite, para aportar algo de brillo y untuosidad al plato, y aliñar con pimienta negra y un chorrito de agua de las aceitunas para que tenga algo de acidez.

4. Emplatar poniéndolo en un plato llano, añadir el resto del aceite y acabar colocando las aceitunas y agregando el perejil picado.

5. Servir con un buen pan tostado con tomate frotado.

Trucos

· Utiliza el tomate de colgar, que tiene menos agua, ya que se ha ido deshidratando y aportará sabores dulces a la elaboración en vez de la acidez habitual del tomate.

· Prueba siempre el punto de sal del bacalao; si es necesario, déjalo un tiempo más en remojo para que pierda la sal.

· También puedes añadir un poco de tapenade o puré de aceituna a la mezcla del bacalao y luego acabar con las aceitunas.

· Puedes añadirle legumbres y así conseguirás unas maravillosas ensaladas.

Combina los sabores

· *Picante*: Añade un aceite picante o unas gotas de tabasco al aceite. Pica un chile fresco e incorpóralo a la mezcla.

· *Cítricos*: Añade una ralladura de lima o limón.

· *Dulces frutales*: Consigue combinaciones de sabores deliciosas con frutas como cerezas, uvas o naranjas.

CAPRESE DE FRESAS DE TEMPORADA

15 min

---

2 tomates de ensalada maduros

2 mozzarellas de búfala

8 fresas

4 higos

albahaca fresca

aceite de oliva virgen extra

1 limón

sal y pimienta

La ensalada caprese se identifica con los colores y algunos ingredientes italianos, como la mozzarella, en representación de sus quesos; el tomate y la albahaca, identificador italiano por excelencia. Todo ello regado con un buen aceite de oliva virgen extra. En esta versión nos divertimos con los colores manteniendo la esencia mediterránea, el respeto por el origen del plato y su significado.

1. Limpiar y pelar el tomate con la ayuda de un pelador. Cortar en trozos irregulares del tamaño de un bocado.

2. Disponer en la base de un plato los trozos de tomate. Intercalar fresas previamente limpias y cortadas en mitades.

3. Incorporar trozos de mozzarella que podemos partir con las manos para que se aprecie mejor la pasta hilada del queso.

4. Pelar los higos, cortar en trozos y disponer.

5. Preparar una vinagreta con una parte de zumo de limón por tres de aceite. Salpimentar y añadir la vinagreta. Repartir unas hojas de albahaca.

Truco

· Evita guardar los tomates en la nevera y compra con planificación para tenerlos en el punto óptimo. Es una receta con muy pocos ingredientes pero tienen que ser de una calidad máxima.

Cambia el plato

· Sustituye la mozzarella por burrata para hacer el plato más cremoso, o incluso por stracciatella.

· Las fresas pueden cambiarse por otra fruta en función de la temporada: cerezas, granada, sandía, ciruela...

Combina los sabores

· *Ácidos*: El vinagre balsámico de Módena sería una buena combinación por la ligera acidez, el perfume y dulzor.

· *Picantes*: Incorpora alguna piparra romperá los sabores del plato.

· *Frutos secos*: Almendras o nueces son interesantes tanto en crudo como tostadas por su combinación con el resto de los productos.

ESPÁRRAGOS CON BURRATA

20 min

320 g de burrata

2 manojos de espárragos verdes medianos (20 unidades)

aceite de oliva virgen extra

10 tomates secos en aceite

10 g de piñones tostados

menta

sal y pimienta

Elaboración muy saludable, ya que el espárrago es muy depurativo y antioxidante. A la vez es muy rápida de preparar y es ideal para servir como una tapa y compartir con amigos o familia.

1. Retirar la parte leñosa de los espárragos y pelar la parte inferior del tallo con la ayuda de un pelador dejando tres dedos desde la punta. De esta manera quedará verde la punta y el resto blanco y de sabor suave.

2. Saltear a fuego vivo en una sartén con un chorro de aceite de oliva virgen extra y salpimentar al final.

3. Disponer la burrata en el plato, los espárragos, el tomate seco en cuartos, los piñones tostados y las hojas de menta. Regar con aceite y salpimentar.

Trucos

· Aprovecha el aceite de los tomates para aliñar el plato.
· Escalda los espárragos antes de saltearlos; así conseguirás mantener más sus propiedades y una cocción perfecta.

Combina los sabores

· *Especiados*: Sazona el plato con especias tipo curri, comino, mezcla de hierbas provenzales…
· *Salados*: Como anchoas o aceitunas negras.
· *Ahumados*: Sardina ahumada o salmón.

Cambia el plato

· Sustituye la burrata por una stracciatella troceada por el plato o mozzarella fresca en porciones.
· Prueba con judía verde cortada muy fina o calabacín a la plancha en lugar del espárrago verde.
· Sustituye la burrata por un queso cremoso vegetal y tendrás un plato vegano.

CARPACCIO DE TERNERA

15 min

320 g de solomillo de ternera

1 limón

100 ml de aceite de oliva virgen extra

un trozo de queso parmesano

orégano

sal gruesa

pimienta negra

Todo un clásico de la cocina italiana, comentan que se elaboró por primera vez en el Harry's Bar de Venecia. El cocinero Giuseppe Cipriani lo creó y le dio nombre en honor al pintor Vittore Carpaccio. Consiste en unas láminas de carne cruda servidas originalmente con una salsa cremosa.

Para esta elaboración lo recomendable es utilizar la parte del solomillo de ternera o buey, ya que debido a su textura quedará muy tierna. Para que el corte sea perfecto, pídele a tu carnicero que emplee la máquina de cortar fiambre.

1. Cortar el solomillo lo más fino posible y espalmar para lograr la mayor finura en caso necesario. Repartir por los platos y salpimentar.

2. Elaborar una vinagreta con el limón y el aceite de oliva virgen.

3. Pintar la carne con la vinagreta con la ayuda de un pincel de cocina.

4. Hacer unas virutas de parmesano con la ayuda de un pelador y disponer encima de la carne. Añadir unas hojas de orégano, sazonar y pimentar.

Trucos

· Conviene tener la carne muy fría (incluso en el congelador) para que esté dura y sea más sencillo cortarla. Tener una pequeña cortadora de fiambre te ayudará mucho en la cocina.

· Sirve el carpaccio de ternera con alguna salsa, como la mostaza o alguna mayonesa.

· Es espectacular servido con patatas fritas.

Cambia el plato

· Podemos elaborar el carpaccio con otras partes de la ternera o buey, o utilizar pescados como salmón, bacalao o atún e incluso setas, como los *Boletus edulis* o los champiñones.

Combina los sabores

· *Ácidos*: Acaba con la ralladura de la piel del limón empleado para la vinagreta. Añade unos encurtidos, como alcaparras.

· *Herbáceos*: Como rúcula, berros, etc.

· *Picantes*: Unas gotas de tabasco en la vinagreta.

· *Trufado*: La trufa es ideal para acompañar la carne de ternera. En este caso, una trufa blanca.

TRÍO DE GUARNICIONES ASIÁTICAS

20 min

Tres guarniciones ideales para acompañar carne, pescado o proteína vegetal. La cocina asiática nos ha dejado multitud de ingredientes y preparaciones, y hoy en día no es difícil encontrar el kimchi, el miso o la soja y demás elementos ya indispensables en nuestras recetas.

PEPINO Y KIMCHI

2 pepinos holandeses

100 g de salsa kimchi

30 g de aceite de sésamo

1 cucharada de sésamo tostado

1. Limpiar y pelar el pepino, dejando tiras de la piel, cortar por la mitad y hacer bastones de 6 cm de largo y 2 cm de ancho.

2. Mezclar en un bol el pepino y la salsa, y servir en el plato definitivo.

3. Añadir el sésamo tostado por encima.

ENDIVIAS AL MISO

4 endivias

50 g de mantequilla

1 cucharada de sésamo tostado

1 cucharada de cebollino para terminar el plato

Para la salsa

200 g de miso

100 g de miel

100 ml de agua

60 ml de aceite de sésamo

1. Preparar la salsa mezclando el agua y la miel; una vez disuelta, añadir el miso y, cuando todo esté bien mezclado, el aceite de sésamo, y triturar.

2. Extraer dos o tres hojas exteriores de las endivias y limpiarlas con agua. Disponer una sartén antiadherente al fuego, añadir la mantequilla y fundir. Incorporar las endivias y cocinar a fuego medio hasta que estén bien cocidas en su interior y con un color dorado en el exterior.

3. Una vez cocinadas, añadir la salsa de miso preparada anteriormente. Dejar cocer todo el conjunto unos 30 segundos más y servir en el plato las endivias con la salsa miso.

4. Acabar vertiendo encima de las endivias el cebollino y el sésamo tostado.

COGOLLOS CON SOJA

4 cogollos

2 chiles rojos medianos

50 g de cacahuetes fritos

10 g de jengibre

2 dientes de ajo

1 cucharada de vinagre de arroz

1 cucharada de vino blanco

1 cucharada de soja

1 cucharada de aceite
   de sésamo

cilantro

1. Pelar y cortar en láminas finas el jengibre y el ajo. Retirar las semillas del chile y cortarlos a lo largo en bastones delgados. Cortar los cogollos en mitades, dejando el pie para que no se separen las hojas al saltear.

2. En una sartén amplia o wok, disponer un poco de aceite de sésamo; cuando esté muy caliente, saltear los cogollos. La cocción es rápida y no llevará más de un minuto.

3. Retirarlos y emplatar.

4. En el mismo wok o sartén bien caliente, añadir el aceite de sésamo, el ajo, el jengibre, el chile y los cacahuetes. Remover hasta que desprendan sus aromas, unos 10 segundos, incorporar un chorro de vinagre de arroz y vino blanco. Dejar que se evapore el alcohol y añadir un chorro de soja.

5. Verter sobre los cogollos y añadir el cilantro.

ENSALADA DE JUDÍAS VERDES Y SARDINA AHUMADA

20 min

320 g de judía perona cortada finamente o judía bobby fina

4 filetes de sardina ahumada mediana/grande

4 huevos

120 g de mayonesa casera (véase página 42)

1 cucharada de mostaza antigua o de Dijon

aceite de oliva virgen extra

Esta receta es una versión entre una ensalada de verdura y una ensaladilla. Una ensalada supersaludable y fresca que se puede realizar todo el año. Te permite cocer la judía con antelación y acabar el plato en 3 minutos si lo sirves frío, o servirlo templado recién cocida la judía.

1. Preparar dos cazos con agua mineral y sal. Calentar hasta que llegue a hervir, mientras esperamos, preparar un bol con agua y hielo para cortar la cocción.

2. Cuando empiece a hervir, cuece en uno de los cazos los huevos durante 8 minutos; en el otro hervimos las judías de 7 a 10 minutos (el tiempo de cocción dependerá del tipo de judía y de la textura que queramos conseguir). Una vez cocidas, enfriar rápidamente en el agua con hielo para cortar la cocción. Lo mismo hacemos con el huevo y, una vez que esté frío, lo pelamos y lo cortamos en cuartos.

3. Preparar el aliño mezclando la mayonesa con la mostaza. Cortar la sardina ahumada en seis trozos.

4. Aliñar las judías con la mayonesa anterior, poner a punto de sal. Disponer en un bol las judías aliñadas, encima colocar los gajos de huevo y los trozos de sardina. Aliñar con un chorro de aceite de oliva virgen.

Trucos

· Añadir un chorro de vinagre al agua de cocción del huevo hace que si se rompe la cáscara durante la cocción, no se derrame la clara por la cazuela.

· Puedes aprovechar el aceite de las sardinas ahumadas para hacer la mayonesa y potenciar el sabor del plato.

Cambia el plato

· Sustituye la sardina ahumada por bacalao o salmón ahumado para cambiar el sabor de la receta, o combina los tres para hacer una ensalada de ahumados.

· Añádele patata para tener un plato más completo y energético.

· Pruébalo con tofu ahumado y mayonesa sin huevo en caso de ser vegetariano.

Combina los sabores

· *Variedad de mostazas*: Hay mostazas a la miel, con estragón, con curri...; prueba a cambiar de mostaza y tendrás un plato diferente y original.

· *Ácidos*: Pepinillos, piparras en rodajas, alcaparras... refrescarán el plato.

· *Salazones y curados*: jamón, anchoas, etc.

LABNEH CON PISTACHOS Y ALCAPARRAS

15 min

400 g de labneh (véase página 33)

20 g de pistachos pelados

10 alcaparras

¾ de manojo de eneldo

4 panes de pita

aceite de oliva virgen extra

sal y pimienta

sésamo tostado

El labneh es una elaboración típica de Oriente Medio, tal como hemos visto en la página 33, y es muy fácil de elaborar en casa. Normalmente se sirve con otros platos para compartir, ya que combina muy bien con otras elaboraciones. Así que si pensáis montar tapeo en casa, no dudéis en hacerlo.

1. Calentar una sartén antiadherente, donde doraremos las pitas.

2. Mientras, distribuir en un plato llano el labneh para que se reparta bien y podamos disponer el resto de los ingredientes.

3. Añadir las alcaparras, los pistachos picados gruesos, un buen chorro de aceite de oliva y unas hojas de eneldo y sésamo.

Truco

· Juega con las texturas del labneh. Cuando pongamos la mezcla en el trapo, dependiendo del tiempo y la presión que hagamos, obtendremos un queso más duro o más cremoso.

Cambia el plato

· En caso de que seas alérgico a los frutos secos, puedes añadir soja texturizada para aportar un toque crujiente al plato. O unos picatostes de ajo y perejil.

· Hay yogures sin lactosa, aptos para personas con intolerancia, que responderán igual de bien a esta receta.

Combina los sabores

· *Cítricos*: Un buen chorro de limón, vinagre, etc.

· *Tostados*: Sésamo, una combinación mediterránea que funciona muy bien con esta preparación.

· *Salazones*: Aceitunas negras, anchoas o jamón son muy buenas combinaciones para servir esta elaboración.

· *Herbáceos*: Al igual que hemos seleccionado el eneldo, puedes hacerlo con salvia fresca o estragón.

TOFU ORIENTAL

15 min

200 g de tofu

2 ajos

25 g de jengibre

1 cebolleta

80 g de salsa de soja

40 ml de agua

un chorro de vino amontillado o blanco

20 g de aceite de sésamo

10 g de guindilla roja fresca

¼ de manojo de cilantro

5 g de azúcar

cebollino

El tofu es un producto muy utilizado en la cocina oriental, elaborado a partir de las semillas de soja, de las cuales se extrae la leche de soja que posteriormente se cuaja y de la que se obtiene una elaboración similar al queso fresco, con un gran valor nutricional y 100 % de proteína vegetal.

Esta elaboración la vamos a aliñar con salsa de soja y cilantro para darle unos toques muy asiáticos.

1. Laminar el ajo y sofreírlo en una sartén con el aceite de sésamo. Incorporar la cebolla previamente picada y la mitad del jengibre también picado. Dejar pochar hasta que quede bien confitado y con un color tostadito.

2. En un bol mezclar la salsa de soja con el agua, el chorro de vino seleccionado y el azúcar. Añadir esta mezcla en el refrito anterior y dejar cocer hasta que el alcohol evapore.

3. Cortar el tofu en láminas como si de un atún se tratase y disponer en un plato las láminas sobrepuestas una con la otra.

4. Salsear el tofu con el refrito anterior y servir con láminas de guindilla fresca, bastoncitos de jengibre fresco y cebollino por encima.

Truco

· Deja atemperar para que no esté frío; en caso necesario también se puede calentar al vapor para evitar que quede reseco.

Cambia el plato

· Utiliza jengibre escachado en lugar de jengibre fresco; le aportará un dulzor a la elaboración que quedará fenomenal.

Combina los sabores

· *Dulce*: Pon un poco de miel a la salsa para darle un toque dulce al plato.
· *Frutos secos*: Cacahuetes fritos, sésamo o unas almendras combinarán muy bien con los sabores asiáticos.
· *Especiados*: Canela, clavo, 5 especias chinas son compañeros ideales para la salsa.
· *Ahumados*: Incorpórale láminas de bonito seco (katsuobushi).

CURRI DE MANGO Y ESPINACAS

20 min

1 cebolla

200 g de queso paneer o queso fresco

300 g de espinacas

2 cucharadas de curri amarillo en polvo

1 mango

50 g de leche de coco

aceite de oliva virgen

Cuando decimos «curri», nos podemos referir a un guiso, una mezcla de especias o una planta, pero normalmente se trata de elaboraciones especiadas con una pasta o polvo elaborado con una variedad infinita de ingredientes. Ocurre igual que con las recetas muy conocidas, que en cada casa hay una variante. Esta receta es una buena base para tener la estructura y cambiar queso por pollo, gambas o pescado, y obtener un resultado muy distinto.

1. Disponer en una sartén a fuego medio el aceite de oliva, añadir la cebolla previamente cortada en juliana; una vez que esté pochada, incorporar el mango en gajos finos y las hojas de espinacas enteras. Dejar cocer todo el conjunto hasta que no quede líquido.

2. Añadir la leche de coco, el queso previamente cortado a dados y el curri en polvo. Dejar cocer hasta que quede una salsa untuosa.

3. Servir en la fuente deseada.

Trucos

· Utiliza mangos verdes o que no estén muy maduros, así no quedarán pastosos al cocerlos.
· Prepara una pasta de curri casera; en vez de utilizar curri en polvo, haz una picada de jengibre fresco, cebolla morada, ajo, lima, kaffir, cilantro, cúrcuma, comino, etc., o añade tus especias preferidas.

Sustitución / adición de ingredientes

· Plato ideal para acompañar con arroz o unas tortillas de trigo.
· Para hacerlo vegano, usa con tofu en lugar de queso y no emplees ni mantequilla ni ghee.

Combina los sabores

· *Hierbas frescas*: Albahaca, menta, estragón, cilantro, combinan de maravilla con los curris.
· *Picante*: La pasta de curri ya es picante, pero obtendremos un picor más fresco si añadimos una guindilla bien picada al final de la cocción.
· *Cítricos*: Ralladura de lima o limón al acabar o un buen chorro de zumo de cualquiera de los dos en el sofrito.
· *Especias*: Puedes añadir a la mezcla tus propias especias, como comino, canela, nuez moscada, orégano, jengibre en polvo.

CREMA FRÍA DE ESPÁRRAGOS

10
min

1 bote de espárragos (unos 540 g)

80 g de queso crema

un manojo de eneldo fresco

1 bote de huevas de trucha

¿Cómo preparar una crema maravillosa en dos minutos? En la siguiente receta encontraremos una crema deliciosa a base de espárragos. En este caso la haremos con los espárragos cocidos que encontramos en el supermercado, ya que es un producto de temporada que no podemos encontrar fresco a diario. Pero si es de temporada y prefieres cocinarlos tú, es muy fácil, solamente hay que pelar los tallos de los espárragos y cocer en agua hirviendo con sal unos 12 minutos. Guarda el agua de la cocción para la crema.

1. Retirar los espárragos blancos del bote y reservar el líquido. Cortar las puntas y reservarlas para el emplatado.

2. Poner los tallos y parte del líquido en un bol, junto con el queso crema. Triturar y corregir la textura añadiendo más líquido si fuera necesario.

3. Disponer en el plato las puntas y añadir la crema.

4. Poner encima de cada punta de espárrago una cucharadita de huevas de trucha y una hojita de eneldo.

Truco

· Uno de los secretos para una buena crema es emulsionarla con alguna materia grasa, en este caso utilizamos queso crema, pero se podría emulsionar con leche de coco u otras grasas. Al emulsionarla conseguimos texturizar el líquido convirtiéndolo en una crema muy untuosa.

Cambia el plato

· Haz la versión verde con espárragos trigueros, cuécelos con caldo, tritúralos y añade el queso crema.

· Puedes hacer el plato vegano con queso crema vegetal.

Combina los sabores

· *Tostados*: Acompaña la crema con unos buenos picatostes caseros.

· *Dulce*: Un dátil, uva o unos dados de manzana o pera.

· *Hierbas*: El anisado del estragón combina bien con los ahumados.

· *Trufa*: Rallada sobre el plato o en la crema.

· *Ahumados*: Salmón, bacalao, etc.

GAZPACHO

20
min

1 kg de tomate maduro tipo pera

80 g de cebolla

1 pepino mediano

150 g de pimiento rojo
(opcional)

120 g de aceite de oliva virgen

1 cucharada de vinagre de vino
blanco

80 g de agua

50 g de pan

1 diente de ajo

sal y pimienta

El gazpacho es uno de los platos estrella del verano. La receta original lleva pimientos, cebolla, tomate tipo pera, ajo y pepino. Sin embargo, hay tantos gazpachos como casas donde se realizan. La clave está en escoger ingredientes de buena calidad y dar nuestro acabado personal.

1. Pelar y cortar el pepino, la cebolla, el tomate y el pimiento en cubos.

2. Disponer las verduras cortadas con el resto de los ingredientes en un recipiente alto y triturar con ayuda de un brazo triturador o licuadora hasta que no se perciban grumos.

3. Poner a punto de sal y disponer la mezcla de gazpacho en 4 platos hondos. Terminar con un chorro de aceite de oliva virgen extra.

Trucos

· Deja las verduras cortadas durante una noche y prepara el gazpacho al día siguiente. Los sabores estarán más integrados.
· Si quieres dar más cremosidad al gazpacho, incorpora una cucharada de mayonesa y emulsiónalo con la ayuda de un batidor de mano.
· Si lo congelas, podrás rasparlo con la ayuda de un tenedor y tener un granizado para acompañar una ostra o un tartar de atún.

Cambia el plato

· Sustituye el pan por uno sin gluten para que sea apto para celíacos.

Combina los sabores

El gazpacho acepta muchas combinaciones posibles y podemos disfrutar de diferentes platos tan solo cambiando algunos elementos.

· *Gazpacho de fresas:* Sustituye ¼ parte del tomate por fresones y acompaña con albahaca y queso stracciatella.
· *Con bogavante y frutos del mar:* Cuece el bogavante, unos mejillones y unos berberechos, ponlos en un plato hondo y vierte el gazpacho por encima delante del comensal.
· *Con virutas de jamón ibérico.*
· *Con un huevo poché bien frío.*
· *Con unas anchoas o sardinas ahumadas.*

MEJILLONES CON CURRI Y COCO

18 min

1 kg de mejillones limpios

400 g de leche de coco

50 g de pasta de curri amarillo

2 chalotas

10 g de jengibre

2 dientes de ajo

1 chile mediano (25 g)

el zumo de 1 limón

cilantro, menta y albahaca

aceite de sésamo

Receta con sabores del sudeste asiático, con sus característicos sabores dulces, picantes amargos y salados, que conseguimos con productos como el coco, los cítricos, la albahaca, etc.

Lo que buscamos con esta receta es cambiar el consumo tradicional de los mejillones que habitualmente se toman a la marinera, en escabeche o al natural. Estos mejillones resultan espectaculares servidos encima de unos fideos u otro tipo de pasta, pero este último ya es un plato distinto.

1. Pica el ajo, el jengibre y las chalotas finamente.

2. En un wok caliente, añadir un buen chorro de aceite de sésamo y sofreír el ajo, el jengibre y las chalotas. Antes de que se queme, añadir el zumo de limón, la pasta de curri, y remover. Incorporar la leche de coco y reducir.

3. Poner a punto de sal e incorporar los mejillones, tapar y dejar cocer unos minutos hasta que se abran todos.

4. Reducir la salsa en el fuego hasta que quede cremosa.

5. Servir los mejillones en la misma cazuela con las hierbas frescas por encima.

Truco

· Si no tienes wok, hazlo en una cazuela con una buena base difusora para que se distribuya bien el calor y ponla a temperatura elevada.

Combina los sabores

· *Dulce*: Los curris pueden llevar algo de azúcar. Prueba a añadir azúcar de palma, una miel de naranjo o panela para potenciar el sabor.

· *Frutal*: Prueba a incorporar manzana en dados, mango o alguna otra fruta para dar un toque dulce reconocible.

Cambia el plato

· *Otros bivalvos*: Navajas, almejas o berberechos pueden ser una muy buena opción.

· *Pescados*: Este curri es ideal para hacerlo con dorada.

· *Aves*: Unas pechugas de pollo en dados de 2 cm de grosor se cocerán en 3 minutos y resultarán jugosas y suculentas.

FAJITAS DE POLLO ASADO

(15 min)

1 pollo asado

1 aguacate

2 limas

1 cebolla morada

sal

medio manojo de cilantro

1 paquete de tortillas de harina

100 g de salsa picante Valentina®

80 g de aceite de sésamo

40 g de miel

1 chile jalapeño en conserva o fresco

3 limas

pimienta

¿Cómo podemos disfrutar de los sabores de México en 15 minutos en casa? Compra un pollo asado y prepara rápidamente unas fajitas, que puedes combinar con diferentes salsas.

1. Cortar en juliana la cebolla morada, disponer en un bol y añadir el zumo de una lima y sal. Dejar reposar unos 15 minutos.

2. En un recipiente, mezclar la salsa Valentina con la miel y el aceite de sésamo.

3. Cortar el aguacate en trozos irregulares y aliñar con lima.

4. Marcar las tortillas en una sartén y tapar con un trapo para mantener el calor.

5. Cortar el pollo asado en trozos irregulares con la ayuda de unas tijeras. Salsear con la salsa y servir con el resto de ingredientes preparados anteriormente.

6. Montar unas fajitas con la tortilla, el aguacate, el pollo, encima la cebolla morada, los jalapeños cortados en rodajas y un poco de cilantro, y por último rociar un poco de zumo de lima recién exprimida con la mano.

Truco

· Aprovecha el jugo del pollo asado para incorporarlo a la salsa mexicana; el sabor que obtendrás será espectacular.

Cambia el plato

· Prueba a hacer otras carnes para esta receta, mira la tabla de cocción (ver páginas 21-22) y prepara unas maravillosas costillas de cerdo asadas al horno con unos dados de piña asada con la salsa de esta receta; obtendrás una elaboración espectacular.

Combina los sabores

· *Láctico*: Queso crema untado en la tortilla aportará un toque láctico, salino y untuosidad. Funde en los tacos queso cheedar.

· *Frijoles*: Hazte con una lata de frijoles negros, caliéntala, reduce sus jugos y sirve una cucharada dentro de los tacos.

· *Dulces*: Incorpora a la salsa pasta de tamarindo, queda espectacular con los picantes y salados.

MAGRET DE PATO PEKÍN

15 min

2 magrets de pato

100 g de aceite de sésamo

300 g de salsa hoisin

2 paquetes de obleas para pato Pekín

1 cebolleta

1 pepino

Esta elaboración es una variación del pato Pekín, uno de los platos estrella de la cocina china, que consiste en elaborar un pato laqueado, que requiere mucho conocimiento técnico y mucho tiempo de ejecución. Con esta receta podremos disfrutar una versión muy rápida e igual de sorprendente.

1. Hacer unos cortes en la piel de ambos magrets sin llegar a la carne. Salpimentar y marcar en una sartén antiadherente sin aceite a fuego medio. Liberará mucha grasa y veremos cómo se cuece por los lados y sube el calor por la pieza. Es el momento de dar la vuelta y cocerlos un par de minutos por el otro lado.

2. Mezclar la salsa hoisin con el aceite de sésamo y reservar.

3. Cortar la cebolleta en bastones delgados y reservar en agua.

4. Pelar y cortar el pepino en bastones y reservar en agua.

5. Calentar las obleas al vapor.

6. Cortar el magret fino.

7. Servir con la salsa, acompañado de las obleas, el pepino y la cebolla refrescantes.

Truco

· Una vez marcado el magret en la sartén, envuélvelo en papel de aluminio durante 3 minutos para que el calor llegue al interior.

Cambia el plato

· Si no dispones de mucho tiempo, puedes preparar la receta con confit de pato. Al estar cocinado, solo tendrás que regenerarlo en la sartén y ya estará listo.

Combina los sabores

· *Cítricos*: Para desgrasar el plato, puedes servirlo acompañado de unos gajos de naranja, pomelo, ralladura de lima, limón o naranja.
· *Hierbas*: Acompaña el pato con cilantro o cebollino. El estragón, anisado, también combinará muy bien.
· *Picante*: Añade shichimi togarashi a la salsa o incluye unas *crudités* de rábano picante.

HAMBURGUESA

15 min

800 g de hamburguesa
(véase página 22)

40 g de mostaza Savora®

40 g de kétchup

4 panecillos de hamburguesa

4 lonchas de queso cheddar

2 pepinillos encurtidos grandes

20 g de mantequilla

Se trata de un bocadillo que ha pasado por casi todas las manos de este mundo. Es difícil conocer a alguien que no se haya comido una hamburguesa.

Su popularidad le ha dado multitud de versiones y podemos encontrar hamburguesas desde un euro hasta veinte, y llegar a pagar incluso más por verdaderas opulencias.

No hay nada como tener tu propia mezcla y disfrutarla en casa, así que vamos con una receta base.

1. Formar 4 bolas de carne de unos 200 g cada una y trabajarlas a mano, pasando cada bola de una mano a otra como si fuera una pelota, con velocidad y potencia. Esto hará que queden compactas y firmes.

2. En una plancha, añadir un chorro de aceite y dorar por un lado 2 minutos. Dar la vuelta y disponer la loncha de queso encima de cada hamburguesa. Cocer 2 minutos más y retirar.

3. Tostar los panecillos por la cara interna pintada con mantequilla. Una vez tostados, pintar el interior con la mostaza Savora.

4. Disponer la hamburguesa con el queso, incorporar dos láminas de pepinillo y añadir unas gotas de kétchup. Tapar el bocadillo y a comer.

Trucos
· Pídele a tu carnicero que pique la carne gruesa.
· Es importante atemperar bien la hamburguesa para que la cocción quede perfecta y se funda la propia grasa de la carne.
· Divide la hamburguesa en dos y haz tu propia doble *cheeseburger*.

Combina los sabores

· Toppings y salsas

– *Encurtidos*: El pepinillo es el rey de las hamburguesas cuando hablamos de encurtidos. Pero una cebolla morada también refrescará la mordida y aportará un *crunchy* interesante.

– *Hortalizas*: Lechugas y tomate suelen vestir la base de la hamburguesa. Mantendrán el panecillo seco y aportarán sabor y textura.

– *Salsas*: Mayonesa, kétchup, mostaza, Perrins, barbacoa…, la lista y posibilidades son interminables.

– *Cebolleta fresca*: Bien rehogada y con un toque de soja, ideal para añadir encima del queso.

– *Huevo frito*: Combina perfectamente con la hamburguesa, y la yema nos hará de salsa.

– *Beicon*: Crujiente, ahumado y graso.

· Mix de hamburguesa

– *Especias*: Dentro de la mezcla de hamburguesa podemos añadir curri, pimienta de Jamaica, sansho japonés, jengibre…

– *Foie*: Si le añadimos unos daditos, la mezcla tendrá mayor cremosidad, suavidad y sabor.

– *Setas*: Previamente salteadas y picadas o en polvo, son ideales para una mezcla otoñal servida con chips de boniato y salseada con una mayonesa de trufa.

PEPITO DE TERNERA

15
min

---

500 g de solomillo de ternera
en porciones de 125 g

4 ajos

2 tomates de colgar

4 lonchas de queso gruyer

4 panes para bocadillo

aceite de oliva virgen extra

sal y pimienta

Un bocadillo clásico de nuestra cultura. Con tan pocos ingredientes pero con tantas variantes como bares encontramos por nuestras calles.

La receta es ideal con solomillo de ternera, por el poco tiempo que necesita de cocción, aunque también se pueden hacer otras versiones con otras partes de la ternera con largas cocciones y así hacer unos pepitos supersuculentos.

1. En una sartén antiadherente, tostar los panecillos previamente cortados por la mitad longitudinalmente, cortar el tomate de colgar por la mitad y refrotar por el interior de los panecillos; en la base de estos disponer las lonchas de queso gruyer.

2. En la misma sartén incorporar un chorro de aceite de oliva virgen y marcar las láminas de solomillo previamente salpimentadas y, una vez cocidas al punto, disponer directamente encima de la lámina del queso.

3. Añadir un chorro de aceite de oliva en la sartén, sofreír el ajo en láminas y salsear el solomillo con el refrito de ajo.

Trucos

· Espalma el filete de ternera, así romperás las fibras y la carne quedará mucho más tierna.
· Añadir vinagre o Viandox en el refrito.

Cambia el plato

· Haz unas carrilleras de ternera braseadas y prepara un pepito de escándalo que se te deshará en la boca.

Combina los sabores

· *Pimiento verde o de Padrón*: Bien frito.
· *Setas*: Añádele unas setas salteadas.
· *Cebolla pochada*: Dulce e ideal con el sabor del ajo y la ternera.
· *Picante*: Añade unas gotas de tabasco al refrito.
· *Mostaza* o *mantequillas*.

BIKINIS DE ENSAIMADA, SOBRASADA Y BRIE

10 min

4 ensaimadas de 90 g

160 g de sobrasada

45 g de miel

50 g de nueces

160 g de queso brie

30 g de mantequilla

Cuántas cosas sencillas pasamos por alto cada día; actos tan cotidianos y tan arraigados en nuestra cultura como el de comer un bocadillo se convierten en rutinarios y aburridos. Pero si nos hacemos las preguntas correctas, podemos hacer de una cosa tan simple una cosa extraordinaria. Aquí un gran ejemplo de cómo hacer que un bocadillo normal se convierta en un momento mágico sustituyendo el pan por una ensaimada. Inventa tus bocadillos.

1. Cortar las ensaimadas por la mitad longitudinalmente para obtener dos partes (la base y la tapa).

2. Disponer la sobrasada encima de la base, incorporar las nueces bien repartidas, salsear la miel por encima de las nueces, tapar con el queso brie e incorporar la tapa.

3. En una sartén, fundir la mantequilla y planchar la ensaimada rellena hasta que el queso esté fundido, pero con cuidado de que la ensaimada no se queme.

Truco

· La mejor forma de planchar el bikini sería con una sandwichera, ya que se doran los dos lados por igual y el calor llega mejor a su interior.

Sustitución / adición de ingredientes

· Sustituye la ensaimada por un cruasán o cualquier otro tipo de masa, utiliza la que más te guste.
· Haz la versión clásica de jamón y queso.
· Utiliza otro tipo de queso, como la mozzarella o queso azul.

Combina los sabores

· *Picante*: Utiliza una ensaimada picante.
· *Herbáceos*: Incorpora unas hojas de menta en el interior del bikini, te sorprenderá la combinación.
· *Lácteos*: Combina con queso azul.
· *Dulces afrutados*: Haz la versión con higos u otro tipo de fruta.

GARBANZOS CON ESPINACAS

10
min

400 g de garbanzos cocidos

120 g de espinacas frescas

8 láminas de panceta curada
   muy fina

2 dientes de ajo

aceite de oliva virgen extra

pimentón ahumado

Una de mis recetas preferidas, ya que soy un amante de las legumbres. A poder ser, compra los garbanzos cocidos del día en el mercado ya que tendrán una textura más mantecosa. Consiste en saltearlos con espinacas, perfumarlos con el aceite y el ajo y, por último, añadir las láminas de panceta ibérica, que al irse atemperando desprenderá todo su sabor en la elaboración.

1. Laminar los ajos finamente, calentar una cazuela con aceite de oliva y rehogar los ajos hasta que comiencen a desprender su aroma. Añadir los garbanzos escurridos y mezclar.

2. Añadir las espinacas y cocinar hasta que se evapore el agua que desprenden. Ajustar de sal y pimienta, teniendo en cuenta que la panceta es salada.

3. Disponer en el plato y colocar las láminas de panceta para que se atemperen con el calor residual.

4. Espolvorear pimentón ahumado encima de la panceta.

Truco

· Pide agua de la cocción de los garbanzos e incorpórasela para que queden más suculentos.

Cambia el plato

· Utiliza cualquier tipo de legumbre.

· Haz la versión con butifarra negra o morcilla y al saltearla se impregnará toda en los garbanzos.

Combina los sabores

· *Picante*: Incorpora guindilla al aceite.

· *Dulce*: Unas pasas antes de añadir los garbanzos combinarán bien con la salinidad de las espinacas y la panceta.

· *Mar* y *montaña*: Saltea unos chipirones o sepia, o bien guísalos con tripa de bacalao.

'FISH AND CHIPS'

15 min

600 g de bacalao fresco

300 g de tempura (véase
página 48)

200 g de copos de maíz
de desayuno sin azúcar

sal y pimienta

300 g de aceite de oliva 0,4°

Una elaboración del Reino Unido con muy buena aceptación en multitud de países y que resulta deliciosa. La receta original es una ración de patatas fritas acompañadas de pescado enharinado, pasado por huevo y frito. Pero vamos a darle una vuelta al rebozado y a prepararlo de forma más divertida.

1. Cortar el bacalao en trozos regulares de unos 40 g la pieza y secar bien con papel absorbente.

2. En un bol preparar la tempura.

3. Machacar en un recipiente los copos de maíz.

4. Salpimentar el pescado cortado en tacos y sin piel, pasar por la tempura y rebozar con los copos de maíz.

5. Freír en abundante aceite hasta que quede bien crujiente por fuera y jugoso por dentro.

6. Escurrir bien en papel absorbente y acompañar con tus patatas fritas favoritas.

Truco
· Marina el bacalao antes de freírlo (véase página 48).

Cambia el plato
· El bacalao es el rey de los *fish and chips*, aunque también se pueden preparar con merluza.
· Emplea una harina sin gluten para rebozar el pescado, como la harina de arroz, para obtener un plato apto para celíacos.

Combina los sabores
· *Mayonesa*: Esta salsa, con su ligero toque ácido y su cremosidad, resulta idónea para acompañar el pescado y las patatas.
· *Encurtidos*: En el Reino Unido te suelen servir o dar la opción de incluir un buen pepinillo. Resulta clave para contrarrestar el exceso de grasa y almidón.
· *Especias*: Todo tipo de mezclas para el rebozado y para espolvorear una vez frito. Curris, 5 especias chinas, shichimi togarashi, mezcla mediterránea de hierbas secas.

ESPAGUETIS CON ALMEJAS

20
min

320 g de espaguetis

20 almejas

2 ajos laminados sin germen

un buen vaso de vino blanco

aceite de oliva virgen extra

unas ramas de perejil

2 cucharadas de tomate concentrado

1 guindilla fresca o 1 cayena hidratada

Cuando decimos alle vongole, *hablamos de una pasta elaborada con aceite, ajo, tomate y almejas. Como era de esperar, cuando hablamos de recetas de pescado y marisco, se trata de una receta de pescadores. En esta ocasión, pescadores napolitanos.*

1. Añadir un buen chorro de aceite a una sartén antiadherente y poner los ajos laminados con el aceite aún frío y la guindilla despepitada. Cuando empiecen a bailar y a desprender su aroma, añadir el concentrado de tomate removiendo y mojando con el vino. Dejar que se evapore y reduzca.

2. Una vez reducido el vino, incorporar las almejas y dejarlas al fuego hasta que se abran, pero sin que queden demasiado cocidas.

3. Mientras, hervir el agua con la cantidad de sal adecuada.

4. Colar la pasta, añadir a la sartén. Dar una vuelta a todo y añadir un poco de agua de la cocción para que ligue con las féculas y el aceite, formando así una salsa ligada. Servir con el perejil picado.

Truco

· Si no acaba de ligar la salsa, nos podemos ayudar de unos dados de mantequilla fría. Añadir y mezclar enérgicamente para ligar.

Cambia el plato

· Pulpo cocido, bogavante o langosta harán de este plato algo extraordinario.

· Se puede aligerar el plato con fideos de calabacín o pasta de trigo sarraceno que resulte apto para celíacos.

Combina los sabores

· *Encurtidos*: Unas aceitunas o unas alcaparras aportarán frescura e intensidad al plato.

· *Cítrico*: Sírvelo con ralladura de lima.

BACALAO 'A LA LLAUNA'

15 min

4 tacos de morro de bacalao

6 dientes de ajo

2 cucharadas de pimentón dulce

1 cucharada de harina

1 vaso de vino blanco

200 g de aceite de oliva virgen

400 g de judías de santa Pau ya cocidas

cebollino o perejil

El bacalao tuvo gran fama antiguamente por ser un producto que podía transportarse, puesto que su conservación en sal permitía que llegara a zonas donde no había pesca.

Esto hizo que se preparara de muchas maneras en todas las casas, pero una receta especialmente conocida en Barcelona es a la llauna. Se trata de un bacalao frito y a veces acabado en el horno, acompañado con judías y un refrito en el aceite aromatizado con ajo, pimentón y un poco de vino blanco. Hay muchas variantes, pero esta es la que aprendí de mi abuela.

1. Enharinar y freír el bacalao en una sartén antiadherente con el aceite de oliva virgen.

2. Retirar el bacalao y añadir los ajos picados, y cuando desprendan su aroma (apenas unos segundos) añadir el pimentón y remover bien. A continuación incorporar una cucharada de harina y remover unos 30 segundos más.

3. Cortar la cocción con el vino y dejar evaporar el alcohol. Añadir las judías, remover la mezcla hasta que levante el hervor y ligue ligeramente.

4. Salsear por encima del bacalao. Acabar con el perejil o cebollino picado.

Truco

· Cuando compres las judías, pide agua de su cocción; la puedes incorporar a media cocción de la salsa, así conseguirás hacer una emulsión perfecta y potenciar su sabor. Ojo con la cantidad de sal, ya que generalmente utilizan sal para cocerlas.

Combina los sabores

· *Ácidos*: Añade, junto con el vino, un vinagre de vino blanco para dar un toque de acidez o acompaña este plato con unos encurtidos.

· *Picante*: Sustituye una cucharada de pimentón dulce por pimentón picante, añade unas gotas de tabasco y una cayena al sofrito.

· *Mar y montaña*: Unos dados de bull negro, morcilla cocida o panceta combinarán muy bien con la legumbre y el pescado.

Sustitución / adición de ingredientes

· Al tratarse de un pescado enharinado, la merluza puede ser un buen sustituto, ya que rebozada aguanta mejor la cocción.

· Hazte con unos garbanzos en lugar de las judías.

· Seitán, tofu y heura son sustitutos perfectos para el bacalao. Te aportan buena proteína y son 100 % vegetales.

· Prueba a freír con harina de garbanzos sin gluten para adaptar el plato para celíacos.

FRESAS AL MICRO CON NATA

15 min

250 g de fresas congeladas

80 g de azúcar blanco

300 g de nata líquida para montar (35 % MG)

30 g de azúcar en polvo tamizado

16 fresas

Las fresas son uno de esos productos que se pueden utilizar tanto en recetas saladas como dulces. Ten en cuenta cuando vayas a comprarlas que estén firmes, rojas y en su punto óptimo de maduración. Es preferible siempre comprarlas con el pedúnculo, pues esto nos ayudará a que se conserven mejor. Si no las vas a consumir de inmediato, guárdalas en la nevera, sin lavar, en un recipiente donde no estén amontonadas ni tapadas. Por otro lado, si se maduran mucho y no te da tiempo a comértelas, límpialas, quítales el pedúnculo y congélalas; así las tendrás siempre listas para hacer otras elaboraciones.

1. En un bol de vidrio, colocar los 250 g de fresas congeladas y espolvorear por encima los 80 g de azúcar blanco. Cubrir con film transparente y abrir tres agujeritos para que se escape el vapor.

2. Colocar el bol en el microondas a máxima potencia (900 W) y calentar 2 minutos. Sacarlo del microondas, remover y volver a cocer tapado durante 2 minutos más, hasta que las fresas se vean ligeramente blancas y el azúcar se haya disuelto por completo. Retirar del microondas y dejar reposar hasta que se enfríe. Colar y reservar el jugo de fresa en un bol.

3. Mientras, montar la nata con el azúcar en polvo, previamente tamizado, con ayuda de unas varillas de mano o con un batidor eléctrico. Batir hasta obtener una textura cremosa y que mantenga la forma. Refrigerar.

4. Limpiar y cortar en mitades las fresas frescas. Bañar en el jugo de fresas. Servir con el jugo en el bol deseado y acompañar con la nata montada.

Cambia el plato

· Reemplaza las fresas por otros frutos rojos congelados (grosellas, frambuesas, arándanos) para hacer el jugo. No olvides rectificar el azúcar en función de la acidez de la fruta que utilices.

Trucos

· Asegúrate de comprar nata con un mínimo de 35 % de MG, esto ayudará a conseguir una espuma más firme.

· Monta la nata en frío y consérvala en la nevera hasta el momento de usarla. Cuanto más fría esté la nata, más firmes son los glóbulos de grasa.

· Si la montas con batidor eléctrico, ten en cuenta que cuanto más lentamente la montes, más pequeñas serán las burbujas de aire dentro de la nata y más tiempo te aguantará estable.

· Añade ralladura de cítricos a las fresas para aportar sabor.

SORBETES DE FRUTAS

15
min

Técnicamente no son sorbetes, pero sí que son una buena forma de aprovechar la fruta muy madura que tienes en la nevera y de darte un capricho dulce. Es importante que al congelarla no la amontones, colócala en un recipiente plano y con tapa. Una vez congelada, podrás guardarla en bolsitas de congelación para ahorrar espacio. Estos sorbetes están pensados para comer de inmediato; si los haces con antelación y están muy congelados, vuelve a triturarlos con la batidora de mano o un robot.

FRUTOS ROJOS

500 g de frutos rojos congelados (grosellas, fresas, moras, etc.)

50 g de agua

piel de naranja o limón

1. En una batidora de vaso, triturar los frutos rojos congelados con el agua hasta obtener una consistencia de sorbete.

2. Servir en el recipiente deseado y terminar con ralladura de naranja o limón al gusto.

MANGO Y MENTA

500 g de mango congelado

zumo de medio limón

10 hojas de menta fresca

1 cucharada de sirope de agave o miel

1. En una batidora de vaso, triturar el mango congelado con la menta y el zumo de medio limón. Rectificar el dulzor con sirope de agave o miel.

2. Reservar en el congelador hasta el momento de servir.

PLÁTANO Y CHOCOLATE

400 g de plátano congelado

20 g de leche en polvo o 50 g de yogur griego sin azúcar (opcional)

40 g de cacao en polvo sin azúcar

1 cucharada de sirope de agave o miel

1. En una batidora de vaso, colocar el plátano, el cacao en polvo y la leche en polvo o el yogur griego. Triturar hasta obtener una mezcla cremosa y homogénea.

2. Rectificar el dulzor con sirope de agave o miel.

3. Reservar en el congelador hasta el momento de servir.

Trucos

· Ten en cuenta que cuanta más fibra tenga la fruta, más cremosos y estables serán los sorbetes y helados.

· Si la fruta tiene mucha agua, como la sandía o la piña, es recomendable mezclarla con otra fruta con menos contenido de líquido, para compensar.

Cambia el plato

· Sustituye las frutas cremosas, como el plátano, por aguacate.

· En lugar de hacer recetas dulces, prueba con una salada, como el gazpacho. Haz tu receta favorita sin el pan, ¡congela y tritura!

· En lugar de endulzar con miel o sirope de agave, puedes utilizar dátiles.

Combina los sabores

· *Lácteos*: Quesos frescos, como requesón o mascarpone, o yogur.

115

CREMA CARAMELIZADA DE MANGO

10
min

1 mango de unos 600 g

400 g de helado de vainilla

azúcar para caramelizar

Receta inspirada en una crème brulée, que consiste en una natilla blanda cubierta con una capa de azúcar quemado. Para una crème brulée, necesitarías hacer la crema y luego cocerla al baño maría.

La parte interesante de esta receta es que en pocos segundos obtendrás una crema maravillosa sin necesidad de utilizar los fogones.

1. Pelar el mango con ayuda de un pelador y cortar en dados de 1 cm de grosor aproximadamente.

2. Colocar en un bol o vaso americano junto con el helado de vainilla y triturar hasta formar una masa consistente.

3. Colocar en un recipiente hondo que resista temperatura y cubrir con azúcar. Usar el soplete para caramelizar por encima.

Truco

· Dependiendo del uso que le demos al mango lo necesitaremos con diferentes puntos de maduración. En este caso, al utilizarlo para triturar queremos que esté bien maduro, así tendrá menos fibra y más dulzor. En el caso de querer emplearlo para ensaladas buscaremos uno que esté más verde.

Combina los sabores

· *Picantes*: El mango es una fruta que combina perfectamente con picantes, como las guindillas.

· *Balsámicos*: La menta, la hierbabuena o el eucalipto.

· *Cítricos*: Ralladura de lima, limón o naranja.

Cambia la textura

· Es una crema perfecta para guardar en un molde y congelar. Con ello, podremos obtener un helado muy cremoso.

· Guarda unos pequeños dados de mango para añadir después de triturar y obtendrás deliciosos trozos de fruta dentro del helado. También puedes incluir otra fruta, como mandarina.

· Sustituyendo el helado de vainilla por algún tipo de leche vegetal, como la de soja o de almendra, podrás obtener una crema vegana.

PIÑA BALSÁMICA

10 min

1 piña

la ralladura de 1 lima

50 g de miel

4 caramelos Halls

Postre de fruta, muy visual y muy refrescante, con el que sorprenderás a cualquiera. En este caso lo hacemos con piña, pero puedes adaptarlo a tu fruta preferida.

1. Cortar la piña en cuartos de forma longitudinal. Extraer la pulpa bordeando la cáscara. Retirar la parte fibrosa que corresponde al centro, voltear y escalopar en trozos de 1 cm aproximadamente.

2. Disponer sobre la cáscara de la piña. Desplazar cada pieza hacia un lado haciendo un zigzag para que sea cómodo cogerla con las manos, añadir la ralladura de lima y un buen chorro de miel.

3. Machacar los caramelos y espolvorear por encima.

Truco

· Para hacer este tipo de postre es recomendable utilizar las frutas con un punto de maduración, ya que al concentrar sus azúcares el contraste entre los ácidos y los refrescantes encontrarás el punto gustativo muy equilibrado.

Cambia el plato

· Prueba con otras frutas, según la temporada.

· Prueba con un helado de piña en lugar de piña fresca.

· Prepara un zumo de piña y añade el caramelo balsámico, la miel y la ralladura de lima por encima. Tendrás un prepostre delicioso. Puedes servirlo como un cóctel y que el borde de la copa tenga el caramelo balsámico.

Combina los sabores

· *Picante*: Pimienta rosa, pimienta de Jamaica, chile rojo fresco, jengibre escarchado.

· *Especiado*: Anís, canela, 5 especias chinas, curri…

· *Herbáceo*: Estragón, perifollo, menta o albahaca.

· *Coco*: Sírvelo con un helado de coco o coco rallado.

MELOCOTÓN MELBA

15
min

200 g de nata

20 g de azúcar

1 tarrina de helado de vainilla

3 melocotones

100 g de frambuesas

15 g de azúcar para la frambuesa

40 g de almendras laminadas

Se trata de un postre con nombre y apellido, pues lo creó el gran cocinero Auguste Escoffier y se lo dedicó a la famosa cantante de ópera Nellie Melba.

El postre original no llevaba nata, pero acompaña muy bien al resto de los ingredientes.

1. Triturar las frambuesas con ayuda de un tenedor y añadir los 5 gramos de azúcar. Remover y dejar que se integre.

2. Pelar y cortar en gajos el melocotón. Colocar en el plato las dos mitades. Sacar una bola de helado de vainilla por plato y disponer al lado del melocotón.

3. Semimontar la nata con los 20 g de azúcar y servir por encima. Acabar con unas almendras laminadas y la salsa de frambuesa elaborada anteriormente.

Truco

· Si no es temporada de melocotones, emplea melocotón en almíbar y no uses azúcar en la nata y las frambuesas. Quedará más ácido y láctico, y contrastará con el dulzor extra del melocotón.

Cambia el plato

· Sustituye la nata por una sopa de chocolate blanco. Emplata y sirve la sopa.

· Cambia el helado de vainilla por uno de jengibre o frambuesa, y añade una crema avainillada en lugar del helado de vainilla.

· Busca un helado sin lactosa para que sea apto para intolerantes a la lactosa o veganos.

· La nata se puede cambiar por nata de soja, espesa y vegetal, que combina muy bien con el resto de los ingredientes.

Combina los sabores

· *Picante*: Pimienta de Jamaica, curri especiado sobre las almendras…

· *Cítrico*: Ya contiene una ligera acidez de las frambuesas, pero un toque cítrico, como ralladura de lima o unas gotas de lima o limón, combinarían de manera excelente.

· *Herbáceos*: Puedes hacer una versión incorporando menta, albahaca u otra hierba aromática.

'PANCAKES' DE RICOTTA Y PLÁTANO

20 min

200 g de ricotta

100 g de harina

125 g de leche

1 cucharada de levadura química

2 huevos

una pizca de sal

1 cucharada de mantequilla

1 plátano

1 cucharada de pistachos

1 cucharada de miel

1 dátil

Los pancakes *o* tortitas *son una receta típica americana que tradicionalmente se toma en el desayuno. Es una masa semilíquida que se cuece directamente en una sartén o plancha y que tiene una textura esponjosa; de ahí su nombre* pan *(«sartén»)* + cake *(«bizcocho»).*

1. En un bol, mezclar la leche, el queso ricotta y los dos huevos. Añadir la harina, la sal y la levadura.

2. Calentar la sartén con mantequilla y verter unos 40 g de masa. Cocer por un lado hasta que empiecen a salir burbujas y los bordes estén ligeramente dorados. Girar y cocer por el otro lado.

3. Servir los *pancakes* acompañados de plátano cortado en rodajas, los pistachos, el dátil cortado en tiras finas y un chorro de miel.

Truco

· Si quieres tortitas más esponjosas, separa las claras de las yemas. Por un lado, elabora la masa con las yemas y, aparte, monta las claras de huevo a punto de nieve e incorpora a la masa con movimientos envolventes.

Combina los sabores

En lugar de miel puedes ponerle un topping de lemon curd, mermelada de frutos rojos o lo que más te apetezca.

Cambia el plato

· Puedes sustituir la ricotta por cualquier queso cremoso, como el mascarpone, o bien por yogur griego o algún yogur vegetal, como el de coco o soja.

· Sustituye la leche por cualquier tipo de bebida vegetal a base de frutos secos o de soja.

· Puedes sustituir la harina por harina de trigo sarraceno, avena, quinoa, frutos secos o bulgur.

RECETAS DE 20 A 40 MINUTOS

RECETAS
DE 20 A 40
MINUTOS

BONIATO ASADO CON CREMA AGRIA Y CHILI

30-40 min

2 boniatos medianos

125 g de crema agria

pistachos

aceite de oliva virgen extra o aceite de calabaza

sal y pimienta

guindilla en hilos

chile en polvo

El boniato es un tubérculo que indica la llegada del otoño. Presentamos esta receta en formato de ensalada tibia, pero puede consumirse también recién preparado o a temperatura ambiente.

El boniato puede prepararse de muchas maneras: frito en forma de bastones o de chips, hervido como la patata… Aunque es muy recomendable hornearlo, ya que de esta manera mantiene todo su dulzor y resulta más ligero.

1. Precalentar el horno a 180 °C.

2. Envolver los boniatos en papel de aluminio con una pizca de sal y un chorro de aceite.

3. Colocar los boniatos en la bandeja del horno y hornear durante 25-30 minutos hasta que estén completamente cocinados por dentro. Para comprobar que están cocidos en el centro, pinchar con un palillo que ha de salir seco y con facilidad. Retirar del horno y dejar reposar.

4. Tostar los pistachos para que tomen temperatura, estén más crujientes y desprendan su aroma.

5. Cortar los boniatos por la mitad en sentido longitudinal y salpimentarlos. Salsear con la crema agria y repartir los pistachos.

6. Disponer encima la guindilla en hilo y el chile en polvo.

Trucos

· Puedes pelar y cortar el boniato en rodajas de 1,5 cm, pintarlas con aceite de oliva virgen extra y hornear a 180 °C. Estarán listas en 10-12 minutos.

· Recuerda envolver el boniato con la parte brillante del papel de aluminio hacia dentro. De esta manera se cocinará antes debido a que la parte brillante refleja el calor infrarrojo y aísla

Adáptalo a tu dieta

· Prueba la receta vegetariana con un queso untable vegano o leche de coco.

Combina los sabores

· *Dulce*: Añade miel para contrastar con los toques salados del plato.

· *Cítrico*: Añade unos gajos de naranja o pomelo y ralladura de lima o limón para darle frescor al plato.

· *Especiado*: Canela, jengibre, cardamomo, pimienta de Jamaica, comino…, hay muchas opciones para crear variantes de la misma receta.

· *Ahumado*: Añade unos trozos de sardina ahumada para aportar ese toque ahumado característico

PAPILLOTE DE VERDURA AL HORNO CON VAINILLA Y NARANJA

(35 min)

20 zanahorias mini

12 remolachas mini

2 naranjas

1 vaina de vainilla

aceite de oliva de 0,4˚

sal y pimienta

Los colores en el mundo vegetal suelen estar relacionados con antioxidantes y compuestos beneficiosos para nuestro organismo. Acompáñalo de una carne o un pescado al horno para tener una comida completa y llena de nutrientes, y así aprovechar al máximo su energía.

1. Formar cuatro sobres de papel sulfurizado para el papillote. Precalentar el horno a 200 ˚C.

2. Lavar las zanahorias y cortar los tallos dejando 2 cm de largo. Lavar y cortar las remolachas en mitades.

3. Introducir en cada sobre una cuarta parte de las verduras con una cuarta parte de la vaina de vainilla, salpimentar y rociar con el aceite de oliva virgen. Cerrar los sobrecitos y cocer al horno unos 20 minutos aproximadamente.

4. Una vez cocidas las verduras, servir en caliente con los gajos de naranja pelados.

Truco

· Añade un poco de zumo de naranja dentro del sobre de papel sulfurizado; así generará vapor y las verduras quedarán más impregnadas de la naranja.

Cambia el plato

· Chirivías, mininabos, rábanos o cebolletas también pueden combinar muy bien con la naranja y la vainilla. Se trata de ver qué hay en el mercado e ir probando combinaciones.

· Prueba con granada en lugar de naranja, también muy otoñal e invernal.

Combina los sabores

· *Ácidos:* Un buen balsámico o vinagre de jerez sería una buena combinación para estas hortalizas.

· *Dulces:* Un chorro de vino de jerez dulce con el alcohol evaporado perfumaría el plato y combinaría bien con la vainilla y las verduras.

· *Licores:* El triple seco, que contiene naranja, sería una buena opción para flambear o aromatizar las verduras. Incluso ponerlo en un espray y perfumar el plato delante del comensal. El mismo ingrediente en diferentes formatos.

· *Lácteos:* Añade mantequilla en lugar de aceite para combinar con el sabor de esta receta.

HUMMUS DE CALABAZA Y GORGONZOLA

35 min

1 kg de calabaza

100 g de mantequilla

una cuña de gorgonzola

1 cucharada de pipas
   de calabaza tostadas

aceite de oliva virgen extra

sal y pimienta

rúcula

Es sabido por todos que el hummus consiste en una crema de garbanzos, pero su textura ha inspirado recetas con distintos ingredientes, como esta crema de calabaza, más espesa y acompañada por un queso con tanta personalidad como el gorgonzola. La parte láctica, salina e incluso los aromas a frutos secos del queso combinan muy bien con el dulzor propio de la calabaza.

   Es una receta ideal para compartir en el centro de la mesa y dipear con un buen pan tostado.

1. Precalentar el horno a 180 °C. Cortar la calabaza en gajos. Pintar con aceite y hornear hasta que esté cocida. No es necesario retirar la piel.

2. Separar la pulpa de la calabaza de la piel con el ayuda de una cuchara. Introducir junto con la mantequilla dentro de un vaso americano y triturar hasta que quede una masa homogénea. Salpimentar.

3. Disponer la crema en un plato y terminar con unas pipas de calabaza tostadas y unas pequeñas porciones de gorgonzola repartidas por todo el hummus. Regar con aceite de oliva virgen extra y acabar con la rúcula.

Truco

· Si no dispones de tiempo, cuece la calabaza en el microondas, pero ten en cuenta que de esta forma será muy sutil de sabor.

Cambia el plato

· Prueba con boniato, también resulta dulce y almidonado y funcionará bien como hummus.
· Sustituye las pipas de calabaza por sésamo, nueces, anacardos ahumados o pistachos.

Combina los sabores

· *Dulce*: Dátiles, pasas, orejones, miel combinan bien tanto con el gorgonzola como con la calabaza.
· *Láctico*: Crema agria o nata para suavizar el hummus también son buenas combinaciones.
· *Cítrico*: Ralladura de naranja o naranja pelada y servida con la crema.

YUCA AL MOJO VERDE

40 min

---

2 yucas medianas

1 manojo de cilantro

2 jalapeños

1 limón

1 cebolla morada

80 ml de aceite de oliva virgen extra

sal y pimienta

La yuca o mandioca es bastante desconocida por este lado del mundo, pero hay toda una cultura a su alrededor y se elaboran multitud de preparados con ella. Aunque nos recuerde a la patata, botánicamente no tiene nada que ver, puesto que pertenece a otra familia, aunque resulta igualmente almidonada y deliciosa.

1. Pelar la yuca y ponerla a hervir en abundante agua con sal.

2. Deshojar el cilantro e introducir las hojas en un vaso americano, reservando una parte para el emplatado final. Añadir en el vaso el zumo de limón y el aceite de oliva, triturar hasta obtener una salsa homogénea y fina.

3. Cuando las yucas estén cocidas, colar, retirar las fibras centrales y emplatarlas cortadas en mitades.

4. Añadir el mojo por encima, unas hojas de cilantro, los jalapeños en rodajas y la cebolla morada.

Trucos

· Sabremos que la yuca está lista cuando al pincharla con un cuchillo ofrece resistencia.

· No consumir nunca la yuca en crudo, pues es tóxica. Además, hay que pelarla antes de hervir, pues normalmente llevan ceras para que soporten el viaje desde su origen y no se estropeen.

Cambia el plato

· Juega con las hierbas y sustituye el cilantro por albahaca o hierbabuena.

· Sustituye la yuca por patatas, colifor u otras verduras con sabores neutros.

Combina los sabores

· *Frutos secos*: Unos anacardos en la majada espesarán el mojo y aportarán un sabor delicioso.

· *Cítricos*: Jengibre, vinagres.

ATÚN CURADO CON TOMATE, SOJA Y LIMÓN

(30-40 min)

500 g de atún fresco

sal marina gruesa

3 tomates maduros

1 lima

1 limón

salsa de soja

aceite de oliva virgen extra

ramas de cebollino

Este plato está compuesto por atún curado y una salsa cítrica que recuerda al ponzu japonés. En este caso, te propongo que sustituyas el yuzu de la salsa ponzu por limón y, de esta manera, lo adaptes a la versión occidental.

1. Pedir al pescader@ que retire la piel del atún y cuadrar un taco de 500 g.

2. Envolver el atún en sal formando una cama, apoyando la pieza y cubriendo con más sal gruesa. Dejar curar 3 horas en la nevera.

3. Lavar y secar muy bien la pieza del atún. Cortar en láminas finas y disponer por el plato.

4. Rallar los tomates y colar para obtener una pulpa más concentrada. Poner a punto de sal y aliñar con aceite de oliva virgen extra ligeramente.

5. Mezclar 30 g de zumo de limón con 10 g de zumo de lima y 20 g de soja, y pintar el atún.

6. Disponer el tomate encima de cada lámina de atún y acabar con los bastoncitos de cebollino.

Trucos

· Recuerda consumir este plato en el momento de servirlo, puesto que el cítrico cocerá el atún y este cambiará el sabor.
· Para ayudarte con el corte, conviene que dejes el atún en el congelador 20 minutos. Esto endurecerá la pieza y será más fácil manipularla.
· Aprovecha el agua de tomate de colar la pulpa, que tiene un sabor muy fresco, para elaborar una vinagreta.

Cambia el plato

· El atún se puede sustituir por el bonito, adaptando el tiempo de curado a 30 minutos.
· Prueba a sustituir la pulpa de tomate por una vinagreta de fresas o unos frutos rojos. Aportará acidez y dulzor.

Combinaciones de sabores

· *Dulces*: La melaza o la miel combinarían bien con la salsa de soja y los cítricos.
· *Ahumados*: Se puede emplear una sal ahumada para curar la pieza y obtener esta combinación.
· *Especias*: Shichimi togarashi, pimienta de Jamaica, pimienta rosa, pimienta sansho.
· *Mostaza*.
· Yema de huevo: Aportará una textura cremosa y la grasa combina muy bien con la soja y el atún.

CABALLA MARINADA CON VINAGRETA DE MELOCOTÓN

40 min

---

4 filetes de caballa
    desespinados

200 g de sal

200 g de vinagre de arroz

160 ml de aceite de oliva virgen
    extra

80 g de melocotón en almíbar

80 g de huevas de trucha

1 cucharada de cebollino picado

La caballa es un pescado que puedes encontrar todo el año debido a los sistemas de pesca actuales, aunque lo ideal es comprarlo cuando es temporada, ya que es cuando tendremos unos filetes más grasos, factor fundamental para curar. Lo bueno de esta receta es que la puedes elaborar con cualquier otro tipo de pescado azul y así lo puedes adaptar a tu pescado favorito.

1. Disponer los filetes de caballa sobre una capa de sal y cubrir con más cantidad. Dejar dentro de la nevera 10 minutos. Retirar el exceso de sal con agua y secar.

2. Cubrir con el vinagre de arroz y dejar sumergida la caballa durante 20 minutos refrigerada.

3. Mientras tanto, picar el cebollino, el melocotón en almíbar y colocar todo en un bol. Agregar las huevas de trucha e incorporar una cucharada de vinagre de arroz y el aceite a la mezcla.

4. A la hora de emplatar, cortar cada filete en trozos pequeños, disponer en el plato y salsear con la vinagreta. Servir.

Trucos

· Conserva las caballas filmadas a piel (cubiertas con film tocando al filete para que no entre en contacto con el aire) y dentro de un táper, sin amontonar, en la nevera.

· Recuerda que el pescado debe congelarse previamente para evitar la infección por anisakis.

· Sáltate el paso del vinagre, corta el pescado, pinta con aceite y dóralo con el soplete. Cambiará el sabor del pescado.

Cambia el plato

· Ajustando los tiempos podemos sustituir la caballa por unos filetes de sardina, boquerón o atún.
· El melocotón puede cambiarse por mango o papaya.
· El bacalao confitado con esta vinagreta es una buena propuesta.

Combina los sabores

· *Cítricos*: Refresca la vinagreta con un chorro de zumo de limón o ralla lima a la hora de servir el plato.
· *Aguacate*: Combina muy bien con pescado azul.
· *Frutal*: Fresas, moras, arándanos es una mezcla que combina bien con el pescado azul. La manzana ácida ayudará a suavizar la grasa del pescado.

HUEVOS ESTRELLADOS CON GAMBAS

30 min

400 g de patata agria

4 huevos de corral ecológicos

12 gambas rojas

2 ajos

1 guindilla

100 g aceite de oliva
   virgen extra

300 g de aceite de oliva 0,4°

sal y pimienta

Receta de tapeo que no puede faltar. Por su sabor, por la facilidad para prepararla y porque al 99 % de las personas les encantan los huevos con patatas fritas. Para esta receta hemos empleado unas gambas, pero los huevos estrellados son tan fáciles de preparar de distintas maneras que puedes darle la vuelta cada vez que los prepares.

1. Pelar las patatas, cortarlas en bastones, limpiar en agua fría y secar. Confitar en aceite de oliva 0,4° a unos 140 °C hasta que estén blandas y escurrir.

2. Justo antes de servir, calentar en aceite de oliva 0,4° a 180 °C y freír hasta que estén crujientes, unos 4 minutos.

3. En otra sartén, añadir un buen chorro de aceite de oliva virgen y el ajo pelado en láminas junto con la guindilla. Encender el fuego y mientras toma temperatura, pelar las gambas.

4. Cuando el ajo se empiece a sofreír en la sartén y antes de que se queme, añadir las gambas, dorarlas por ambas caras y retirarlas del fuego para que se acaben de hacer con el calor residual.

5. Freír los huevos en el aceite de oliva 0,4° bien caliente de las patatas (retirar una parte si es necesario) y servir los huevos encima.

6. Añadir las colas de las gambas por encima para terminar, con el aceite y los ajitos. Acompañar con las cabezas de las gambas a la plancha.

Trucos

· Puedes pelar con anticipación las patatas y dejarlas en agua en la nevera.
· Vigila mucho la cocción del huevo. La clave de
este plato es la yema fundente salseando las patatas crujientes.

Sustitución o adición de ingredientes

· Prueba a rallar trufa por encima y mézclalo todo.
También puedes hacerte con unos huevos trufa-
dos, ¡o trufarlos tú!
· Añade unas virutas de ibérico. La combinación es
deliciosa.
· Hazte con una buena sobrasada y sirve unos trozos alrededor de las patatas.
· Unos simples pimientos de Padrón combinan de
maravilla con el huevo y la patata crujiente.

STEAK TARTAR CON HUEVO FRITO

30-40 min

---

800 g de solomillo de ternera

2 yemas de huevo

4 cucharadas de aceite
   de oliva virgen

10 g de mostaza

10 g de salsa HP

10 g de concentrado de tomate

10 gotas de tabasco

20 g de salsa Perrins

1 limón

1 cebolleta

4 pepinillos

20 alcaparras

sal y pimienta

1 lata pequeña de anchoas

tostadas de pan

4 huevos fritos

Dependiendo del corte de un producto modificamos su textura. En este libro hemos preparado un carpaccio cortado finamente y ahora vemos una carne también de ternera, pero picada a cuchillo. La sensación en boca es totalmente distinta. Además, el aliño es una delicia y el huevo frito culmina el plato de manera que no querrás volver al steak tartar de siempre.

1. Mezclar en un bol las yemas, el aceite de oliva virgen, la mostaza, la salsa HP, el concentrado de tomate, el tabasco, la salsa Perrins, el zumo del limón, la cebolleta picada, los pepinillos picados, las alcaparras, la anchoa picada y su aceite. Mezclar muy bien.

2. Cortar la carne en láminas, luego en tiras y finalmente en dados muy pequeños, y disponer en un bol grande. Ir añadiendo la salsa.

3. Hacer cuatro porciones y añadir un huevo frito en cada plato. Acompañar con tostadas o patatas fritas.

Truco

· Una vez mezclada la carne con la salsa, déjala reposar un minuto, directamente emplata y a comer, ya que si no la carne se cocerá, perderá la cremosidad y se secará.

Cambia el plato

· También es posible sustituir la ternera por atún rojo u otros pescados.

· También puedes preparar la versión vegetal con tomate.

Combina los sabores y texturas

Se trata de un plato picante, con toques cítricos y salados, pero aun así hay posibles combinaciones:

· *Trufa*: Ideal rallada o en aceite para incorporar al steak.

· *Frutos secos*: Unos piñones tostados o un pan de cereales tostados.

· *Whisky*: Perfuma el steak con este destilado.

BOCATA DE CALAMARES

20 min

180 g de cerveza

140 g de harina de trigo

300 g de calamar en rodajas

4 panecillos

lima

mayonesa al gusto
  (véase página 42)

aceite para freír

sal

Una receta clásica de tapeo madrileño que es difícil encontrar fuera de la capital. Consiste en servir unos aros de calamar rebozados y crujientes dentro de un panecillo con una buena mayonesa. Prueba a prepararla en casa con esta sencilla receta y quédate con la técnica para rebozar cualquier otro ingrediente y tener un recurso rápido para frituras.

1. Tamizar la harina sobre un bol e ir añadiendo la cerveza bien fría hasta que se forme una pasta espesa pero fluida que cubra los calamares y se quede enganchada. Poner a punto de sal. Mientras tanto calentar el aceite.

2. Pasar los calamares por la pasta y freír. Retirar y reservar en papel absorbente.

3. Abrir el panecillo y untar con mayonesa (véase página 42). Disponer los calamares dentro y salsear un poco más.

4. Servir con ralladura de lima por encima.

Trucos

· Adelanta trabajo pidiendo a tu pescader@ que te prepare los calamares en rodajas. Será llegar a casa y freír.

· Con el resto de los calamares, como las patas y las aletas, puedes preparar un delicioso arroz.

Cambia el plato

· Déjate aconsejar por tu pescader@ y compra algún otro fruto del mar apto para rebozado.

Combina los sabores

· *Cítricos*: Prueba a elaborar una mayonesa de lima con zumo y su ralladura. La lima rallada puede sustituirse o incluir también ralladura de naranja o limón.

· *Especiados*: Juega con las diferentes especias para hacer un rebozado con sabor moruno, una mayonesa de pimentón, dar un toque de comino.

· *Dulces*: El panecillo bien podría ser un brioche dulce o un pan de leche.

FONDUE

20 min

---

200 g de queso gruyer d'Alpage

200 g de queso Vacherin Fribourgeois

100 ml de vino blanco

1 cucharada de maicena

1 diente de ajo

1 barra de pan

Este plato nace en Suiza y puede realizarse con aceite, chocolate o queso, aunque las preparaciones más comunes son las dos últimas. Te traemos una versión con dos quesos de la zona para rendir homenaje a su origen, pero no dudes en pedir consejo a tu queser@ o charcuter@ de confianza sobre quesos de la zona que sean aptos para fundir.

1. Precalentar el horno a 180 °C y cortar el pan en dados de 2×2 cm. Hornear hasta que estén tostados, aproximadamente diez minutos.

2. Frotar el ajo por la cazuela de la fondue, poner a hervir el vino y diluir la cucharada de maicena en un poco de agua.

3. Mientras hierve el vino, rallar los quesos para que se fundan antes. Una vez que hierva y pierda el alcohol, añadir la cucharada diluida de maicena, dejar que arranque el hervor de nuevo y agregar los quesos.

4. Remover bien y servir sobre el soporte con la llama encendida para que se mantenga fundente. Servir con el pan tostado.

Truco

· Frotar la cazuela con un diente de ajo nos servirá para evitar que el queso se pegue y se queme.

Combina los sabores

· *Dulces*: Panes con pasas, uvas, pedazos de manzana, pera.
· *Especiados*: Nuez moscada, pimientas, mezclas de especias de otras cocinas para dar un toque distinto al queso o a los acompañamientos.
· *Herbáceos*: Estragón, eneldo, hinojo, perejil, romero, tomillo picados para espolvorear sobre el pan untado en queso.

Cambia el plato

· Podemos sustituir el clásico pan tostado por verduras.

FIDEUÁ

20
min

½ sepia fresca

400 g de fideos cabello
de ángel

100 g de sofrito con tomate
(véase página 39)

0,1 g de azafrán

1,2 litros de fumet rojo (véase
página 36)

aceite de oliva virgen

sal y pimienta

Una elaboración muy similar a la de un arroz. Se puede hacer con diferentes tipos de fideos, dependiendo del resultado que queramos obtener, desde el clásico cabello de ángel hasta los típicos para la fideuá, que son un poco curvados y huecos en su interior.

1. Dorar los fideos en la paella con aceite de oliva virgen hasta que queden bien tostados, retirar de la paella para evitar que se quemen y reservar para después.

2. Poner la paella a fuego medio e incorporar el aceite de oliva virgen, añadir la sepia cortada en cuadrados de 1 cm de lado y dejar dorar.

3. Una vez que la sepia esté bien dorada, incorporar el sofrito. Añadir el azafrán y al minuto incorporar los fideos y el caldo previamente caliente. Cocer a fuego fuerte durante 8 a 10 minutos.

4. Dejar reposar fuera del fuego 5 minutos y servir.

Trucos

· Al ir a comprar la sepia, pide que te guarden el bazo (bolsa interior de la sepia). Una vez que la sepia esté cocida, incorpora el bazo a la elaboración; verás que solo con este ingrediente obtendrás una fideuá mucho más sabrosa.

· Si utilizamos un buen caldo, al usar un recipiente ancho se evaporará mucho y, por lo tanto, quedarán unos fideos muy sabrosos.

Combina los sabores

· Acompaña la fideuá con alioli casero.

· Incorpórale tinta de calamar al sofrito y haz una versión negra.

· También puedes hacer una versión mar y montaña agregando costilla de cerdo.

ARROZ DE CONEJO Y ALCACHOFAS

40 min

½ conejo cortado en trozos

2 alcachofas cortadas
  por la mitad

340 g de arroz bomba

100 g de sofrito con tomate
  (véase página 37)

0,1 g de azafrán

1 litro de fondo oscuro

aceite de oliva virgen

sal y pimienta

Tal como hemos visto en las primeras páginas del libro, tú debes encontrar tus propias fórmulas para elaborar tu arroz preferido. Denominamos «arroz» a todos aquellos arroces que, aunque estén cocinados con un proceso similar al de la paella, no comparten los mismos productos.

1. Disponer una paella a fuego medio.

2. Incorporar el aceite de oliva virgen, añadir el conejo en trozos previamente salpimentado.

3. Una vez que el conejo esté bien dorado, incorporar las alcachofas en mitades, sofreír un minuto, e incorporar el sofrito. Añadir el azafrán y al minuto agregar el arroz y dejarlo unos dos minutos hasta que quede el grano anacarado.

4. Incorporar el caldo previamente caliente y cocer a fuego fuerte durante 10 minutos, bajar a fuego medio y dejar otros 8 minutos.

5. Dejar reposar el arroz fuera del fuego de 3 a 5 minutos.

Trucos

· Al tratarse de un arroz seco, es recomendable que el recipiente sea lo bastante ancho para que el resultado sea un arroz bien fino y con el grano separado.
· Si utilizamos un buen caldo, al usar un recipiente ancho se evaporará mucho y, por lo tanto, quedará un arroz muy sabroso.

Combina los sabores

· Añade sepia y otros productos del mar, y haz un arroz mar y montaña.
· Haz una versión vegana.
· Prueba con el arroz de bacalao y coliflor.
· Incorpórale caracoles.

LENGUADO A LA MANTEQUILLA NEGRA

(30-40 min)

400 g de mantequilla

40 g de mostaza en grano

1 manzana

2 tomates

4 lenguados de ración
  (220-250 g)

2 cucharadas de harina

eneldo

el zumo de 2 naranjas

1 cucharada de alcaparras

La mantequilla negra se llama así cuando adquiere un tono tostado (nunca negro absoluto, pues se estropearía su gusto y sería dañina) al calentarse en una sartén. Si controlamos el fuego, veremos que se desprenden unos aromas avellanados, fruto de la reacción de Maillard, conocida en cocina por aportar sabor, color y aroma a tostado.

1. Cortar la manzana y el tomate a dados.

2. Salpimentar y enharinar los lenguados ligeramente. Calentar en una sartén la mantequilla y cocinar los pescados.

3. Cuando los pescados estén cocinados por ambas caras, retirar y comprobar si se ha oscurecido la mantequilla. Seguramente sea visible a simple vista. Si todavía no está oscura, dejar que adquiera más color. En ese momento, añadir la mostaza, cortar la cocción con el zumo de naranja y reducir. Se formará una salsa ligeramente ligada.

4. Servir en una fuente el pescado, salsear por encima y terminar con los daditos de tomate y manzana, el eneldo y unas alcaparras.

Trucos

· Si retiramos la piel del tomate, la mordida será muy agradable al no encontrar la resistencia de la piel. Son detalles que engrandecen el plato.
· Un truco para que la mantequilla no se queme es añadir un chorro de aceite de oliva. Este aumentará el punto de humo de la mantequilla, que es la temperatura en la que empieza a humear y a estropearse.

Cambia el plato

· Esta receta tiene mucho éxito si se prepara con un pescado como la raya.

· Añade más acidez con parte de zumo de lima o limón o incluso toques amargos con pomelo. Espera a la temporada de naranja sanguina con su sabor y color tan especial.

· Utiliza harina de garbanzos para un plato apto para celíacos.

Combina los sabores

· *Cítricos*: Ralladuras y gajos de naranja pelados a vivo (sin la parte blanca) para refrescar un plato con bastante grasa.

· *Especiados*: Puedes aromatizar la mantequilla con tu mezcla de especias preferida.

· *Hierbas*: Estragón, perifollo, salvia en la mantequilla para despertar sus aromas.

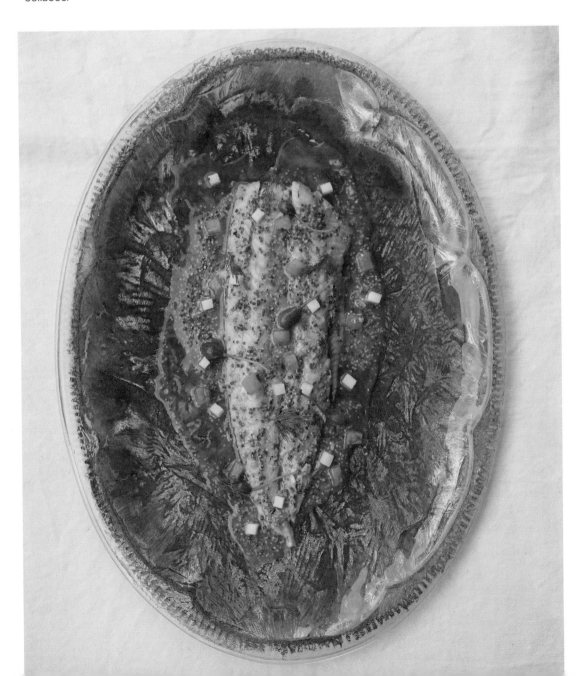

MERLUZA AL ESTILO PROVENZAL

(30 min)

---

8 troncos de merluza de 90 g

12 tiras muy finas de tocineta o beicon

100 g de aceitunas variadas

200 g de tomates cherry tipo pera

10 alcaparrones

2 piparras

c/s de vinagre de vino blanco chardonnay

c/s de aceite de oliva virgen extra

sal y pimienta

perejil picado

Albardar consiste en «forrar» un alimento magro con un alimento graso, como el beicon, con esto conseguimos que se protejan los productos más delicados de las altas temperaturas, evitamos la deshidratación excesiva y la rotura del alimento, y aportamos aroma y sabor. No se puede pedir más a algo tan sencillo de preparar.

1. Colocar sobre una tabla de cocina dos tiras de beicon, una al lado de la otra, y cruzar otra de forma perpendicular pasando por el centro de ambas. Disponer la merluza salpimentada en el medio y envolver la merluza con las dos primeras tiras. Cerrar con la última tira.

2. Dorar y sellar en una sartén antiadherente a temperatura media-alta. Primero por la parte de las juntas, para acabar por la parte visible al comensal. Estará listo cuando se hinche y tengamos dorados todos los bordes.

3. Retirar y, en la misma sartén, saltear los cherry con un chorro de aceite de oliva virgen extra, las aceitunas, los alcaparrones, añadir un buen chorro de vinagre y dejar reducir.

4. Preparar una vinagreta con las piparras cortadas en rodajas finas, una parte de vinagre y tres de aceite.

5. Emplatar la guarnición y disponer el pescado encima. Salsear con la vinagreta y espolvorear el perejil picado.

Combina los sabores

· *Dulces*: Añade un buen chorro de miel o melaza vegetal a la vinagreta para acompañar la merluza. El beicon combina muy bien con los dulces.

· *Frutos secos tostados*: Funcionarán muy bien, tanto en la vinagreta como en el salteado.

· *Terrosos* como las setas.

· *Picantes*: Añade una guindilla al refrito.

· *Ahumados*: Utiliza panceta ahumada.

Truco

· Si no consigues albardar, no desesperes. Puedes usar hilo de cocina para ayudarte a cerrar el saquito.

Cambia el plato

· Puedes albardar otro pescado como el bacalao o la corvina. Es muy interesante para aquellos que tienen bajo aporte de grasa y su carne es más delicada.
· Cambia la guarnición y acompaña el pescado con los lácteos y el beicon.

ALITAS DE POLLO PICANTES

20 alitas de pollo

cebolleta china

sal y pimienta

Para la salsa

150 g de salsa Valentina®

75 g de salsa Búfalo

5 g de vinagre de manzana

5 g de salsa Perrins

45 g de miel

60 g de aceite de sésamo

El pollo frito es una delicia, y las alitas tipo buffalo wings *de Chicago, una receta para repetir y repetir. Puedes tener la salsa preparada y tan solo te llevará 10 minutos servir una ración para compartir.*

1. Mezclar todos los ingredientes de la salsa en un cazo y calentar hasta que todo esté completamente integrado.

2. Cortar las alitas en dos trozos, saltear en una sartén con aceite de sésamo hasta que queden bien doradas en el exterior y melosas por dentro.

3. Anadir la salsa picante y saltear todo el conjunto un par de minutos hasta que la salsa quede bien adherida a las alitas.

4. Disponer las alitas en un plato, poner encima la cebolleta cortada en tiras.

Trucos

· Puedes cocinar las alitas a 65°C durante tres horas al vacío y despúes freír a alta temperatura para tener una textura perfecta.
· En caso de no encontrar cebolleta tan fina, se puede añadir cebollino.
· Para que la cebolleta pierda el picante y el sabor fuerte a crudo, prueba a sumergirla en agua un mínimo de 10 minutos. Quedará fresca y crujiente, y con un sabor más suave.

Combina los sabores

· *Cítricos*: Ralladura de naranja, lima o limón, y un buen chorro exprimido en el momento de consumirlas.
· *Frutos secos*: Prepara una picada de cacahuetes fritos con miel y sírvelos con la salsa en un bol. Ideal para dipear.
· *Herbáceos*: Incorpora hojas de cilantro, albahaca, etc.

Cambia el plato

· Sustituye las alitas de pollo por *crudités* de verduras como coliflor o zanahoria.

COULANT DE CHOCOLATE

35 min

---

115 g de chocolate 70 %

115 g de mantequilla pomada

65 g de nata 35 % MG

65 g de harina

225 g de huevos enteros (unos 3-4 huevos)

125 g de azúcar

1 cuchrada de cacao en polvo

Esta receta es una versión de la creación del gran cocinero francés Michel Bras, un postre elaborado a base de ganache de chocolate. Es muy importante, para mantener su centro coulant, servirlo recién horneado. ¿Quién dijo que hay que ir a un restaurante de lujo para disfrutar de un postre de alta cocina?

1. Forrar con papel encerado 8 aros de pastelería de 7 cm de diámetro. Precalentar el horno a 180 ˚C.

2. Fundir el chocolate con la mantequilla al baño maría, removiendo constantemente con una lengua para evitar que se queme y facilitar que se emulsione la mezcla.

3. En un bol aparte, batir los huevos con el azúcar. Verter encima la mezcla de chocolate con mantequilla y mezclar hasta obtener una masa homogénea.

4. Agregar la harina previamente tamizada y, por último, la nata líquida. Disponer la masa en una manga pastelera y rellenar los moldes.

5. Hornear durante 8 minutos, retirar del horno y dejar reposar 2 minutos más. Desmoldar, espolvorear con cacao en polvo y servir.

Trucos

· Prepara previamente la receta y guárdala en una manga pastelera en la nevera. Hornea antes de servir.

· Sirve el coulant acompañándolo de tu helado favorito o frutos rojos frescos.

· Si no tienes aros de pastelería, puedes utilizar ramequines. En este caso, deberás cocer el coulant durante 8 minutos y servir de inmediato.

· Combinación de sabores

· *Frutos secos*: pistachos, etc.

· *Especias* como el curri.

· *Licores*: licor de naranja, kirsch…

· *Frutos cítricos*: naranja.

BROWNIE DE CHOCOLATE CON ACEITE DE OLIVA

35 min

90 ml de aceite de oliva arbequina

130 g de harina de trigo

2 g de sal de mesa

4 g de levadura química

25 g de cacao en polvo

60 ml de agua hirviendo

90 g de chocolate negro 70 %

1 huevo

165 g de azúcar moreno de caña

65 g de azúcar blanco

sal tipo Maldon

Una versión del clásico brownie americano, en la que se usa aceite de oliva en lugar de margarina o mantequilla. El resultado de esta versión es un brownie cremoso y con la parte superior ligeramente crujiente, cuyo sabor nos recuerda al típico postre de pan con chocolate y aceite de oliva.

1. Precalentar el horno a 180 °C. Forrar un molde de 20×20 cm con papel de horno.

2. En un bol, mezclar la harina con la sal de mesa y la levadura química.

3. Diluir el cacao en agua hirviendo. Mientras, fundir los 90 g de chocolate al 70 % al baño maría o en el microondas. Una vez fundido, con ayuda de un batidor de mano, añadir el aceite de oliva y el huevo, y batir vigorosamente para evitar que se cuaje el huevo. Agregar el cacao diluido y mezclar hasta emulsionar.

4. Agregar el azúcar moreno y el blanco a la mezcla anterior. Después añadir la mezcla de harina hasta incorporarla por completo.

5. Hornear durante 20 – 25 minutos. Una vez fuera del horno, es-polvorear los cristales de sal por encima y dejar reposar hasta que se enfríe por completo. Cortarlo en cuadrados y servir.

Cambia el plato
· Sustituye el aceite de oliva por aceite de almendras o aceite de ave-llanas, que le dará unos matices aromáticos impresionantes.
· En lugar de agua hirviendo, utiliza la misma cantidad de café caliente y mezcla con el cacao en polvo; obtendrás la versión «moka» de los brownies.
· Prueba a utilizar chocolate blanco.

COOKIES

30 min

---

185 g de harina de trigo

2 g de bicarbonato sódico o 5 g de levadura química

115 g de mantequilla sin sal

100 g de azúcar blanco

80 g de azúcar moreno de caña sin refinar

2 g de sal

1 huevo

225 g de chocolate negro 70 %

Una receta ideal para tener siempre en el congelador y hornear al momento de esta manera siempre contarás con un postre magnífico para cuando tengas invitados en casa. Es importante que los ingredientes sean de calidad y que el chocolate que utilices sea negro con un mínimo de 70 % de cacao para contrarrestar el dulzor de la masa base. Ten en cuenta que, en esta receta, se utiliza azúcar moreno de caña sin refinar, también conocido como azúcar moscovado.

1. Precalentar el horno a 180 °C. Preparar la bandeja de horno con papel sulfurizado.

2. Tamizar la harina con el bicarbonato sódico y la sal. Reservar.

3. Con un cuchillo, picar el chocolate negro en trozos de aproximadamente 1 cm de ancho.

4. En el bol de la batidora con la pala, batir la mantequilla con el azúcar moreno de caña y el azúcar blanco. La mezcla debe quedar aireada y el azúcar tiene que estar completamente integrado. Añadir el huevo, a temperatura ambiente, a la mezcla de mantequilla con azúcar. Una vez que esté completamente incorporado, añadir la harina en tres veces.

5. Incorporar el chocolate picado con ayuda de una espátula.

6. Volcar la mitad de la masa sobre un papel sulfurizado y formar un rollo de 8 cm de diámetro aproximadamente. Repetir la operación con la otra mitad de la masa.

7. Dejar reposar la masa en el congelador durante 15 minutos.

8. Sacar un rollo de masa del congelador y cortar rodajas de 1 cm de grosor. Colocarlas sobre la bandeja de horno y hornear de 10 a 15 minutos aproximadamente, hasta que estén ligeramente doradas y suaves en el centro.

9. Retirarlas del horno y dejarlas reposar sobre la bandeja hasta que se entibien. Retirarlas de la bandeja y dejar enfriar por completo sobre una rejilla.

10. Hacer lo mismo con el otro rollo de masa.

Trucos

· Es importante que todos los ingredientes estén a temperatura ambiente en el momento de realizar la receta.
· La masa cruda de galletas es ideal para mantener congelada y hornear al momento. ¡Así siempre tendrás unas galletas recién hechas!
· Una vez cocidas, consérvalas en un recipiente hermético para evitar que se humedezcan.

Combina los sabores

· *Café*: Añade 10 g de café soluble a la mezcla y obtendrás unas cookies «moka».
· *Frutos secos*: Añade 50 g de frutos secos troceados, como avellanas o nueces; aportarán su sabor particular tostado y a su vez una textura crujiente a la galleta.

TRUFAS DE CHOCOLATE

35 min

Las trufas de chocolate son una de esas recetas de «fondo de armario», que son muy lucidas y, sin embargo, son muy fáciles de elaborar. Además, se conservan muy bien en la nevera y puedes versionarlas de infinitas maneras.

TRUFAS DE CHOCOLATE NEGRO

300 g de chocolate negro 70 %   150 g de nata líquida (35 % MG)   25 g de mantequilla sin sal

1 cucharada de cacao en polvo

TRUFAS DE CHOCOLATE BLANCO

250 g de chocolate blanco*   90 g de nata líquida (35 % MG)   1 cucharada de coco rallado

1. Trocear y fundir el chocolate con la mantequilla en el microondas.

2. Mientras, calentar la nata hasta llegar a una temperatura de unos 80 ˚C. Verter sobre el chocolate en dos veces mientras se emulsiona con ayuda de un batidor de mano.

3. Verter la mezcla en un recipiente y filmar a contacto. Una vez que la ganache esté completamente fría, hacer bolas del tamaño deseado y rebozarlas en cacao en polvo las que son de cocholate negro, y en coco rallado las trufas que son de chocolate blanco.

4. Reservar en la nevera hasta el momento de degustar.

Trucos

· Utiliza un sacabolas para ayudarte a dar forma a las trufa.

· Si quieres hacer mucha cantidad, bolea y conserva en el congelador hasta el momento de rebozar.

Combina los sabores

· *Especias*: Haz una infusión introduciendo en la nata especias, como el cardamomo, garam masala, 5 especias chinas, curri, pimienta rosa, canela, y luego viértela encima del chocolate.

· *Cítricos*: Añade un toque de frescor incorporando ralladura de limón, lima o naranja, o bien polvo de frutas liofilizadas.

· *Frutos secos*: Reboza con frutos secos, como la almendra en granillo o incluso frutos secos garrapiñados.

Adáptalo a tu dieta

· Para hacer la versión vegana y sin lactosa, en las trufas de chocolate negro puedes sustituir la nata por nata vegetal (de soja o de coco) y la mantequilla por margarina.

* Nota del autor: El chocolate blanco contiene leche en polvo de origen animal.

RECETAS
DE MÁS DE 40
MINUTOS

RECETAS
DE MÁS DE 40 MINUTOS

QUICHE DE ESPINACAS

1 hora

500 g de masa quebrada
(véase página 51)

Para el relleno

1 cebolla grande

200 g de jamón dulce

2 manojos de espinacas

6 huevos

200 ml de nata

sal y pimienta

queso gruyer para gratinar

Se trata de una preparación de origen francés, más concretamente de la región de Lorena, en el noreste, fronteriza con Alemania. Se elabora con una mezcla de huevos y crema de leche fresca con la que se rellena una base de masa quebrada o brisa. Con el tiempo se fueron añadiendo ingredientes a la fórmula base. En este caso, al tratarse de un preparado con cebolla, se acerca más a la versión alsaciana que a la original de Lorena.

Esta receta base de quiche te servirá de trampolín para divertirte probando rellenos. Tienes ideas en «Combina los sabores», pero experimenta en casa y aprovecha todo lo que has aprendido en el libro.

1. Estirar la masa entre dos papeles de horno hasta que tenga unos 4 mm, dejar reposar unos minutos y forrar el molde.

2. Pinchar la base de la masa con un tenedor y poner algo con peso encima para evitar que se levante al cocinar. Cocer a 180 °C durante 20 minutos. Es el momento de preparar el relleno.

3. Pochar la cebolla bien picada hasta que quede transparente. Saltear las espinacas, colar para retirar el líquido y añadirlas junto con el jamón dulce a la sartén.

4. Mezclar la nata y los huevos, añadir el relleno y poner a punto de sal y pimienta.

5. A los 20-25 minutos, cuando la masa tenga los bordes ligeramente dorados, sacar del horno, añadir el relleno, el gruyer y hornear 30 minutos más.

Trucos

· Si te sobra masa, estírala y haz grisines con ella. Puedes añadirle pipas o cereales.

· Hornear en blanco (la precocción que damos a la masa) nos ayuda a asegurarnos de que esté bien cocida y soporte más humedad.

· ¡Utiliza esta masa para hacer tartaletas saladas! Sáltate el paso de hornear en blanco y cuece las bases hasta que estén doradas.

Combina los sabores

· Champiñones, jamón dulce y queso.

· Nueces, espinacas y pasas.

· Tomate, albahaca y queso de cabra.

· Beicon y trufa.

· Calabacín y berenjena.

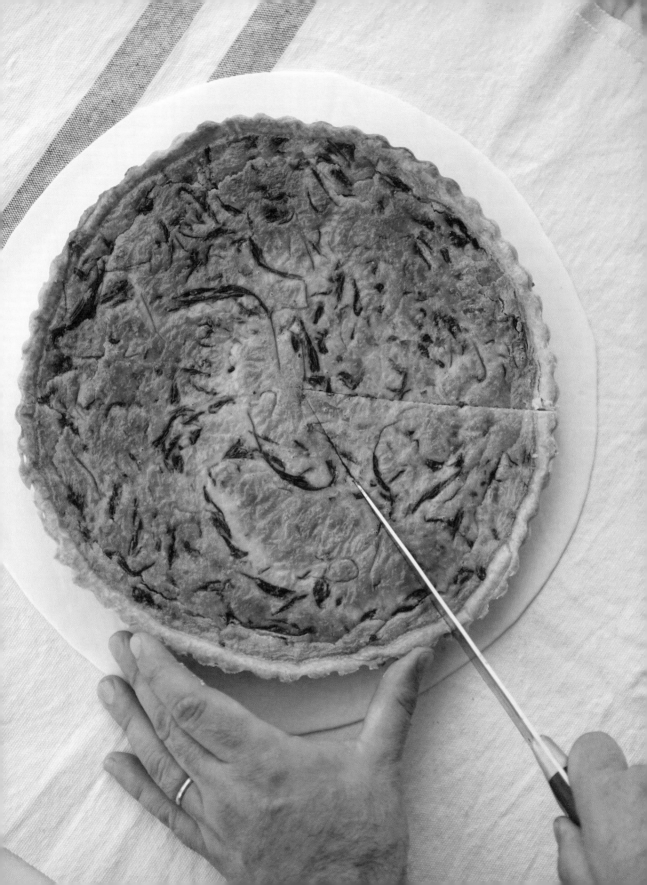

BUÑUELOS DE BACALAO

1 hora

Para una masa de 600 g
 (6 personas)

400 g de bacalao desalado

370 g de patata monalisa

60 g de harina

2 g de levadura química

2 yemas de huevo

1 clara de huevo

1 cucharada de ajo y perejil

1 cucharada de aceite
 de oliva de 0,4°

300 g de aceite
 de oliva de 0,4° (para freír)

Los buñuelos de bacalao son una de esas recetas entrañables que nos traen recuerdos de momentos de tapeo compartidos con familia y amigos. Es una receta que permite organizarse con antelación, ya que puedes dejar la masa preparada. Eso sí, recuerda freírlos al momento de esta manera conseguirás una textura crujiente por fuera y muy cremosa por dentro.

En el momento de la compra, ten en cuenta que para esta receta necesitarás recortes de bacalao y que debe estar al punto de sal.

1. Hervir la patata con piel hasta que quede bien cocida en su interior. Escurrir, pelar y, mientras aún esté tibia, machacarla con un tenedor hasta obtener un puré liso y sin grumos.

2. Escaldar el bacalao desalado 10 segundos en agua hirviendo y desmigar.

3. Mezclar en un bol 280 g de puré de patatas, el bacalao, las dos yemas de huevo, ajo y perejil, y poner a punto de sal.

4. Montar la clara a punto de nieve, incorporarla a la mezcla anterior con movimientos envolventes y por último añadir la harina previamente tamizada con la levadura.

5. Con la ayuda de una manga pastelera o dos cucharillas, formar los buñuelos y freírlos en aceite de oliva 0,4° a 160 °C. Es importante utilizar un cazo alto para que el aceite cubra el buñuelo; de esta manera nos aseguramos de que la cocción sea uniforme y el buñuelo conserve la forma.

Trucos

· Procura que la patata esté caliente en el momento de hacer el puré; si no, obtendrás una textura grumosa y elástica.

· Una vez escaldado el bacalao, procura secarlo bien para evitar que pierda agua.

· Juega con la forma de los buñuelos: mete la masa en una manga pastelera con boquilla rizada y dale forma de churros de bacalao.

Combina los sabores

· *Picante*: Añádele guindilla finamente picada a la masa para hacer la versión picante.

· Una vez fritos, puedes jugar con combinaciones de sabores:

> · *Dulces*: Vierte un chorro de miel o de melaza por encima de los buñuelos.
>
> · *Especiados*: Sazónalos con especias tipo curri, garam masala, etc.
>
> · *Cítricos*: Ralla piel de naranja, lima o limón por encima.

Cambia el plato

· Sustituye el bacalao por merluza; conseguirás unos buñuelos muy elegantes.

· Adáptalo a tus necesidades y sustituye la harina por otras harinas sin gluten, como la de garbanzo.

EMPANADA DE CARNE

1
hora

Esta receta es una versión de la clásica empanada gallega. La receta propuesta lleva una masa ligera y quebradiza, y un relleno jugoso de carne con verduras. Deberás adaptar el grosor de la masa al tipo de relleno. La empanada se puede tomar fría o caliente. Si la vamos a guardar, es mejor a temperatura ambiente (tapada con papel de cocina) que en el frío de la nevera, porque la masa se humedecería y se reblandecería.

150 ml de aceite de oliva de 0,4°

60 g de apio

160 g de zanahoria

200 g de cebolla

640 g de tomate triturado

140 g de carne de cerdo picada

140 g de carne de ternera picada

5 g de concentrado de tomate

½ copa de vino rancio

sal

pimienta negra en grano

tomillo y orégano

Para el relleno

1. Limpiar, pelar y cortar en dados pequeños las cebollas y el apio. Pelar las zanahorias y cortar también en dados pequeños.

2. Mezclar la carne de ternera picada y la de cerdo.

3. Rehogar las verduras en una cazuela con aceite de oliva a fuego suave. Cocer hasta que queden ligeramente doradas.

4. Añadir a la cazuela las dos carnes picadas removiendo con un tenedor para que quede suelta. Poner a punto de sal, agregar el tomillo y el orégano y unos granos de pimienta negra. Cuando la carne haya soltado toda el agua y empiece a dorarse, agregar media copa de vino rancio, dejar evaporar el alcohol y mantener en el fuego hasta que reduzca.

5. Añadir el tomate triturado y el concentrado de tomate. Poner a punto de sal y agregar azúcar si los tomates son muy ácidos. Cocinar tapado a fuego lento durante 30 minutos. Reservar.

Cambia el plato

· Sustituye la boloñesa por atún en escabeche, sardinas o pollo.

Trucos

· Decora la empanada con los trozos restantes de masa. Con ayuda de un cortador de galletas haz formas diferentes y pégalas pintando con huevo batido.

· El relleno de la empanada tiene que ser jugoso, pero no demasiado. Un exceso de humedad hará que la masa quede cruda y si le falta, la empanada saldrá un poco seca.

500 g de harina

150 g de aceite de oliva de 0,4°

150 g de leche

1 huevo batido + 1 huevo para
   pintar

5 g de sal

Para la masa

1. En un bol profundo, añadir la harina, la sal, la leche, el huevo y el aceite. Amasar durante unos minutos hasta que se incorporen todos los ingredientes.

2. Amasar hasta obtener una bola de masa lisa. Dividirla en dos.

3. Estirar una de las bolas entre dos papeles sulfurizados hasta obtener un rectángulo de 35×20 cm y un grosor de unos 5 mm. Repetir la operación con la otra mitad de la masa.

4. Colocar uno de los rectángulos sobre la fuente de horno, rellenar con una capa generosa del relleno, dejando 1 cm de margen entre la carne y el borde de la masa. Cubrir con el otro rectángulo.

5. Sellar los bordes con la ayuda de los dedos. Para ello pellizcar un trocito del borde de la empanada y retorcerlo hacia dentro. Hacer este gesto a lo largo de todo el perímetro. Con ayuda de un cuchillo dibujar una forma de cruz en la parte central de la empanada y pintar con un huevo batido con una pizca de sal.

6. Hornear a 180°C durante 30 minutos hasta que la masa esté completamente cocida y dorada.

COCA DE 'RECAPTE'

1 hora

Para la masa

575 g de harina de fuerza

415 ml de agua templada

10 g de sal

2 g de levadura de panadería seca o 6 g de levadura fresca

Para el relleno

1 pimiento rojo

1 berenjena

1 cebolla grande

4 anchoas en filetes

aceite de oliva virgen extra

sal y pimienta

Esta receta catalana, con multitud de versiones, consiste en una masa fina aderezada con diferentes ingredientes. Los más típicos son las hortalizas, pero acepta embutidos, carnes e incluso setas.

Es una receta muy sencilla, ideal para hacer cocina de aprovechamiento y gastar esas verduras y hortalizas que tenemos en casa y transformarlas en algo delicioso e ideal para acompañar o llevar a una comida en grupo.

1. En el bol de la amasadora, mezclar la harina con la sal y la levadura.

2. Mojar la mezcla anterior con el agua templada y amasar con el gancho de la amasadora hasta que la masa esté completamente homogénea. Dejar reposar durante 10 minutos y volver a amasar durante unos 10 minutos más. Repetir el proceso dos veces más; la masa ha de quedar lisa y elástica.

3. Una vez formada la masa, retirar del bol y disponer sobre una superficie previamente enharinada y dejar fermentar, cubierto con un paño de tela, hasta que la masa duplique su tamaño (unos 45 minutos).

4. Encender el horno a 180˚C y hornear las verduras con un chorro de aceite de oliva virgen extra. Buscamos que se queme un poco la piel para simular la escalivada al fuego.

5. Una vez cocidas las verduras, retirar, pelar y preparar tiras de cada una de ellas.

6. Estirar la masa hasta que tenga un grosor de medio centímetro aproximadamente.

7. Subir la temperatura del horno a 230˚C, disponer las tiras de verduras sobre la masa y añadir un buen chorro de aceite de oliva virgen extra. Hornear unos 20 minutos.

8. Una vez lista, acabar con las anchoas y servir.

Combina los sabores

· *Embutidos / carnes*: Butifarra blanca, negra, bull, salchichas y butifarra fresca combinan muy bien con la coca y las hortalizas base.

· *Lácteos*: Los diferentes quesos de la tierra, añadidos al final de la cocción o justo cuando sacamos la coca del horno, darán un toque de sabor que variará mucho en función del tipo de queso que usemos. Más cremoso, salado, fresco.

· *Picante*: Un aceite de guindilla o un poco de pimentón picante al salir del horno bastará para dar ese toque a la coca.

· *Encurtidos, ácidos*: Aceitunas, alcaparras, piparras o cebollitas.

Trucos

· Es una receta ideal para preparar cuando hayas hecho escalivada y te sobre. Tendrás un plato muy saciante y aprovecharás restos de otras recetas.

· Prepara raciones individuales para servir a cada comensal.

MACARRONES GRATINADOS

1 hora

400 g de macarrones

100 g de parmesano rallado para gratinar

Para el sofrito

100 g de tocino

100 g de secreto ibérico

2 cebollas medianas

1 ajo

260 g de tomate pelado entero

sal y aceite

Para la salsa

1 litro de nata

500 g de parmesano rallado

sal y pimienta

Una versión más de los famosos macarrones del cardenal. El origen de esta receta es bastante incierto, pero se suele atribuir a Ignasi Domènech (1874-1956). Cocinero y un gran referente de la cocina catalana popular, era autor de más de una treintena de libros y director de la primera revista de cocina, El Gorro Blanco. Así que esta receta es un pequeño homenaje.

1. Cortar el tocino y el secreto ibérico en dados. Añadir un poco de aceite en una sartén antiadherente y empezar a rehogar el tocino y el secreto. Mientras, cortar la cebolla finamente e incorporarla. Rehogar la cebolla hasta que quede suave y pierda el agua. Cuando esté bien pochada y empiece a oscurecerse, añadir el ajo picado y cortar la cocción con el tomate. Rehogarlo todo hasta que quede reducido y oscurito. Poner a punto de sal y reservar.

2. Hervir la nata y reducir a una tercera parte. Añadir el parmesano rallado y remover hasta que la mezcla sea homogénea. Poner a punto de sal y pimienta.

3. Mientras, hervir los macarrones en agua con sal el tiempo que indique el envase y colar.

4. En una fuente apta para horno, disponer una capa de la crema de parmesano, otra de macarrones y otra de sofrito. Seguir con macarrones-crema de parmesano-sofrito dos veces más y acabar con sofrito, parmesano rallado y unos daditos de mantequilla. Gratinar y servir.

Trucos

· No se trata de un sofrito muy atomatado, pero en caso de que le falte, añade un poco de tomate concentrado. Puedes añadir un toque de soja y corregir acidez con un poco de azúcar.

· Incorpora al sofrito algún tipo de vino como el rancio para poder perfumarlo.

Combina los sabores

· *Trufa*: De verano, de invierno, sea cual sea la temporada, combinará de maravilla con estos macarrones.

· *Fruta seca*: Orejones, pasas o ciruelas hidratadas en brandi para el sofrito.

Cambia el plato

· Haz tu propia versión de los canelones del cardenal, acaba con una bechamel de parmesano y gratínalos.

· Prueba con pasta sin gluten, como la de lentejas o trigo sarraceno.

ESPAGUETIS CON ALBÓNDIGAS

+1 hora

Para las albóndigas

1 kg de carne picada de
    albóndigas (véase página 23)

Para la salsa

1 kg de tomate triturado

1 zanahoria

1 cebolla

1 ajo

1 copa de vino blanco

1 cucharada de azúcar

medio litro de fondo de carne

perejil

150 g de aceite de oliva virgen

Se trata de una de esas recetas fantásticas que surgen de la mezcla de dos culturas. Hay quien dice que le preceden versiones italianas, pero lo cierto es que se dio a conocer en Nueva York de la mano de los italianos inmigrantes en el siglo xx.

Sea como sea, se trata de una deliciosa mezcla de jugosas pelotillas de carne en salsa de tomate que bañan una buena fuente de espaguetis

1. Formar albóndigas de unos 40 g, enharinar y sofreír. Reservar.

2. En el mismo recipiente, rehogar la zanahoria y la cebolla. Cuando esté bien pochada, añadir el ajo picado finamente. Cuando desprenda sus aromas, añadir las albóndigas y mezclar todo.

3. Desglasar con vino blanco, evaporar el alcohol, añadir el tomate triturado y el azúcar. Una vez sofrito el tomate, mojar con el fondo de carne. Llevar a ebullición y cocer durante 25-30 minutos.

4. Hervir la pasta, colar y servir junto con las albóndigas. Acabar espolvoreando perejil.

Combina los sabores

· *Picante*: Añade tabasco o chile a la salsa de tomate.

· *Cítricos*: Ralladura de lima o limón refrescarán el plato.

· *Frutos secos*: Unos piñones tostados sobre los espaguetis.

· *Especias*: Customiza la salsa de tomate o las albóndigas con curri o hierbas mediterráneas secas.

· *Ahumado*: Añade unos dados de tocineta o beicon al sofrito para dar ese punto de humo.

· *Lácteo*: Remata el plato rallando tu queso favorito.

Truco

· Enharinar las albóndigas ayuda a que se impregne mejor la salsa en la carne.

Cambia el plato

· Prueba a hacer unas albóndigas de pescado o sepia. En Asia se consumen y son deliciosas a la par que delicadas.

· Prueba tu propia mezcla con soja texturizada o compra albóndigas vegetales ya elaboradas. Acaba con un buen queso vegano.

PIMIENTOS DEL PIQUILLO AL ESTILO DE MI TÍA MARI

+1 hora

Para los pimientos rellenos

500 g de bacalao desalado sin espinas

1 patata mediana

100 ml de leche

100 ml de aceite de oliva

4 ajos

1 bote de pimientos del piquillo asados a la leña

Para la salsa

1 cebolla

1 pimiento del piquillo

200 ml de crema de leche

un chorro de brandi

nuez moscada

Receta muy personal que siempre que voy a casa de mi tía Mari, le pido que me los haga. Así que, como dicen que compartir te hace más grande, aquí os dejo la receta tal cual la hace ella.

1. Poner la patata con piel en agua fría con sal y hervirla.

2. Hervir el bacalao 5 minutos y dejar reposar 3 minutos en el agua. Colar y secar muy bien.

3. Freír los ajos en el aceite y ponerlos en un bol junto con el bacalao. Añadir la patata pelada y cocida. Triturar y añadir leche. Poner a punto de sal y pimienta. Tapar con film y reservar en la nevera.

4. Precalentar el horno a 200 °C.

5. Rehogar la cebolla previamente picada en una sartén con el aceite de oliva. Una vez pochada, añadir el pimiento del piquillo troceado y dejar cocer. Flambear con un chorro de brandi, cuando se evapore el alcohol, añadir la nata y la nuez moscada. Dejar cocer todo un par de minutos y triturar todo con la ayuda de un batidor de mano hasta obtener una salsa untuosa.

6. Rellenar los pimientos con la brandada y disponer en una fuente de barro o apta para horno. Cubrir con la salsa y hornear 5 minutos. Servir.

Truco

· Si quieres potenciar el sabor del pimiento, deshidrátalos en el horno antes de rellenarlos.

Combina los sabores

· *Frutos secos*: Unas avellanas tostadas o unos piñones tostados por encima.

· *Hierbas*: Cebollino antes de servir o un aceite de ajo y perejil por encima.

Combina los sabores

· Prueba a sustituir el bacalao por merluza u otro pescado blanco.

· Cambia la salsa por una bechamel de marisco; para su elaboración emplear un caldo de cabezas de gamba.

· Elabora la receta con leche vegetal y patata condimentada, sin adición de pescado. Hay disponible nata de soja para la salsa.

LENTEJAS GUISADAS

+1 hora

250 g de lentejas pardinas

30 ml de aceite de oliva

80 g de panceta

3 costillas de cerdo en dados

2 dientes de ajo

2 ramitas de tomillo fresco

media cebolla

2 zanahorias

120 g de tomate triturado

1 copa de vino tinto

1 kg de caldo

La lenteja es una legumbre muy versátil que nos proporciona un sinfín de elaboraciones. En ensalada fría o tibia, en sopa con lenteja roja pelada, en crema o paté tipo hummus de lenteja.

En esta receta veremos una versión guisada, más clásica de nuestra cocina, que nos trae el recuerdo de nuestras madres y abuelas guisanderas.

1. Añadir en el fondo de la cazuela el aceite y la panceta en frío. La panceta soltará su grasa. Incorporar entonces las costillas de cerdo en dados y dorar el conjunto.

2. Una vez dorado, añadir el tomillo, los ajos machacados y las zanahorias peladas y en rodajas junto con la cebolla picada y el tomate.

3. Una vez que esté todo rehogado, unos diez minutos, mojar con el vino, dejar evaporar el alcohol y añadir el caldo. Poner a punto de sal.

4. Añadir las lentejas y dar 50 minutos de cocción. El tiempo hay que ajustarlo en función de la variedad de lenteja. Rectificar de sal y servir.

Combina los sabores

· *Especiados*: El pimentón combina muy bien con la lenteja. Puedes incorporarlo en el sofrito, añadiendo chorizo a la receta o con un refrito final de ajo y pimentón.

· *Hierbas*: Prueba a hacer un bouquet garni con un atadillo de laurel, romero, tomillo, puerro y perejil; aportarás más aroma al guiso.

· *Ahumados*: Pimentón ahumado, dados de panceta ahumada o beicon perfuman el guiso y combinan muy bien con él.

· *Picantes*: Añádele unas gotas de tabasco o de salsa de chile.

· *Ácidos*: Agrega un chorro de vinagre.

Trucos

· Según el tipo de lenteja, será necesario remojar-la con anterioridad para que la cocción sea más rápida.

· Prueba a cocinarlas en olla exprés y tendrás el plato en 20 minutos.

Cambia el plato

· La lenteja es una legumbre que bien puede ser sustituida por garbanzos o alubias, teniendo en cuenta que los tiempos de cocción de estas últimas son mayores.

· Sustituye el cerdo por unas perdices o un conejo en trozos.

· También es posible elaborar la receta sin productos cárnicos. Incorpórale algún vegetal, como la calabaza, y acompaña el plato con patata o arroz.

LUBINA A LA SAL

+1 hora

2 lubinas de 800 g (importante que tengan el mismo peso)

3 kg de sal gruesa

4 claras de huevo

4 cucharadas de agua

Esta receta de lubina es solo un ejemplo de las muchas opciones que nos aporta la cocción a la sal. Una vez que hayáis probado con pescado, animaos con carnes o incluso vegetales, como unas remolachas.

Además, el tiempo que hay que dedicar en la cocina es mínimo, puesto que solo hay que preparar la masa de sal y montar la bandeja.

1. Precalentar el horno a 200 °C. Mezclar la sal con las claras, previamente montadas, y disponer en una bandeja una buena capa de esta mezcla.

2. Pintar las lubinas con aceite por fuera y colocar encima de la sal. Cubrir con el resto de la sal.

3. Cocer durante 40 minutos y retirar del horno. Dejar reposar 5 minutos fuera del horno.

4. Romper la costra de sal y servir el pescado.

Trucos

· Las escamas protegerán el pescado de la sal. Es mejor no retirarlas.

· Es un sistema de cocción pensado para piezas enteras, pero han de estar evisceradas.

Cambia el plato

· La lubina y la dorada son pescados muy aptos para hacer a la sal, pero también lo son otros pescados como el besugo.

· Prueba a cocinar un lomo de cerdo a la sal. Quedará muy jugoso.

· Como hemos comentado arriba, las verduras también salen beneficiadas de la cocción a la sal. Prueba a cocinar remolacha, zanahorias o patatas.

Combina los sabores

· *Cítrico y herbáceo*: Prueba a introducir en la ventresca del pescado unas rodajas de limón y unas hierbas frescas. Así lograremos dar un toque cítrico y herbáceo a la vez, incluso con toques anisados.

· *Refrito*: Aunque cocinar el pescado a la sal es una manera estupenda de disfrutar de su sabor, también agradece un buen refrito de ajo, guindilla, vinagre y aceite por encima cuando está limpio y listo para consumir.

SUQUET DE RAPE

45 min

---

600 g de colitas de rape

250 g de patata monalisa

80 g de sofrito de tomate, cebolla y ajo (véase página 37)

1 copa de vino blanco

laurel

harina para enharinar

sal y pimienta

100 ml de aceite de oliva virgen extra

1 litro de fumet (véase página 36)

2 cucharadas de picada (véase página 38)

El suquet es un plato sencillo de pescadores pero lleno de sabor. El pescado de roca, con muchas espinas pero muy sabroso, suele ser el ingrediente principal, junto con unas patatas y algo de verdura. Se trata de un plato que ha llegado a grandes restaurantes con versiones más refinadas, pero sin olvidar el origen humilde y la importancia de escoger un producto de calidad.

1. Disponer una cazuela al fuego con el aceite de oliva. Freír las colas de rape previamente salpimentadas y enharinadas. Retirar y reservar.

2. En la misma cazuela, añadir el sofrito, incorporar la copa de vino blanco y dejar reducir hasta que se evapore el alcohol. Incorporar el fumet de pescado y dejar hervir un par de minutos.

3. Añadir las patatas cortados «en cachelos». Transcurridos unos 20 minutos de cocción, incorporar las colas de rape y dejar hervir unos 7 minutos.

4. Añadir la picada en la salsa y dejar espesar un par de minutos, poner a punto de sal y pimienta, y servir.

Trucos

· Si queremos hacer un suquet más ligero, podemos hervir la patata.

· Una picada que le iría muy bien al suquet incluiría almendras, piñones, perejil y una galleta o trozo de pan frito con un ajo.

Cambia el plato

· Si tenemos la suerte de encontrar pescado de roca, nos quedará un suquet lleno de sabor. El pescado con más espina hace muy buen caldo.

· Añade un par de huevos pasados por agua para hacer un mar y montaña. O unas setas salteadas en el último momento, unos trozos de tocineta ahumada o unos dados de butifarra negra.

Combina los sabores

· *Picante*: Una cayena aportaría un toque picante al plato. Puedes retirar las semillas para que sea más suave.

· *Marisco*: Unas colas de gambas en el último momento aportarían un sabor a marisco muy agradable. Además contribuirian con su color rojo profundo. Puedes apretar con la mano la cabeza a la hora de servir para usarlas de salsa.

· *Hierbas*: Perejil fresco, tomillo, romero, estragón le aportan verde y frescor al plato.

· *Alioli*: Aporta cremosidad y potencia de ajo al suquet.

POLLO FRITO

45 min

---

1 pollo cortado en octavos

500 g de harina

100 g de maicena

20 g de pimentón

5 g de sal

1 cucharada de jengibre en polvo

1 cucharada de orégano en polvo

1 cucharada de pimienta negra en polvo

200 g de leche por cada 200 g de mezcla

sal y pimienta para el pollo

aceite de oliva virgen extra

De origen americano, su rebozado crujiente y su textura jugosa harán que no te canses de comerlo. Además, te damos las claves para tener un rebozado base que probar en casa y que se puede adaptar a tus preferencias y al que es posible que le des tu propio toque.

1. Salpimentar el pollo y dejar reposar.

2. Preparar la mezcla seca. Mezclar la harina y la maicena con el pimentón y la sal, ir añadiendo el jengibre, el orégano y la pimienta al gusto.

3. Mezclar la leche con 200 g de la mezcla de ingredientes secos. Enharinar el pollo con el resto de la mezcla seca. Pasar por la pasta líquida, volver a enharinar y freír a 180 °C hasta que esté dorado.

Truco

· Marina el pollo con zumo de limón y déjalo reposar una noche en la nevera para que sea más jugoso.

Cambia el plato

· Una vez que tengas el rebozado dominado, prueba con otras carnes o incluso con pescado.

· Puedes cambiar la leche por huevo sin problema. Pruébalo y decide cuál te gusta más.

Combina los sabores

· *Picantes*: El pollo frito y rebozado combina muy bien con picantes. Prueba la salsa de las alitas picantes de la página 156.

· *Mayonesa*: Es ideal para dipear los pedazos de pollo.

· *Verduras*: La ensalada de col es ideal para refrescar la boca entre trozo y trozo de pollo.

· *Agridulce*: Los chutneys son picantes, dulces y ácidos, así que potenciarán el sabor del pollo y aportarán nuevos sabores. Prueba con un chutney de mango.

· *Especias*: Añade a la mezcla de harina tantas especias como quieras. Una mezcla de curri, cúrcuma para dar color sin aportar mucho sabor, nuez moscada, anisados...

POLLO CON CIGALAS

1 hora

4 muslos de pollo

2 cebollas

4 dientes de ajo

10 g de jengibre

vino rancio o blanco

100 g de tomate triturado

8 cigalas

fumet rojo (versión con carne, véase página 36)

picada (véase página 38)

aceite de oliva virgen extra

sal y pimienta

El pollo, al igual que el cerdo, combina muy bien con los productos que obtenemos del mar, en esta ocasión, con unas cigalas que doraremos al inicio para aportar sabor desde el primer momento, pero que reservaremos para el final, para lograr la cocción justa sin perder textura.

Es importante utilizar piezas de carne ricas en colágeno, en este caso, los muslos de pollo, ya que aguantarán una cocción larga sin quedarse secos.

1. Añadir a una cazuela un buen chorro de aceite de oliva. Dorar las cigalas cuando el aceite esté bien caliente y reservar.

2. Añadir entonces el pollo, previamente salpimentado, y dorar.

3. Mientras, cortar el ajo, la cebolla y el jengibre finamente. Añadir el ajo y el jengibre, y dorar ligeramente. Seguir con la cebolla y pochar. Cuando se seque, añadir un buen chorro de vino rancio o blanco para aportar humedad y aroma. Una vez que esté bien rehogada, seguir con el tomate triturado y reducir para tener un sofrito bien oscuro.

4. Mojar con el fumet rojo sin llegar a cubrir y cocinar hasta que el pollo esté listo (unos 40 minutos, con un borboteo suave).

5. Cinco minutos antes de servir, añadir una buena picada (véase página 38) y las cigalas.

Truco

· La soja actúa como potenciador del sabor y oscurece la salsa. Úsala sin miedo en tus guisos, salsas y otras elaboraciones.

Cambia el plato

· Prueba con una gamba roja de calidad, sepia o calamares, y cocina el conjunto todo el tiempo.

Combina los sabores

· *Trufa y setas*: Aroma y sabor a tierra, muy conveniente en este plato para reforzar la parte de montaña.

· *Dulce*: Frutas deshidratadas que pueden formar parte de la picada o de una mantequilla compuesta añadida al final para ligar la salsa.

· *Picante*: Un poco de chile fresco en la picada o un picante más profundo añadiendo una cayena desde el principio del sofrito. Retira las semillas para que no sea muy evidente.

GUISO DE SEPIA CON ALBÓNDIGAS

+1 hora

---

25 albóndigas de 40 g

(véase la receta de la página 23)

2 sepias medianas, de unos 500–600 g cada una

4 alcachofas

100 g de sofrito casero de tomate, cebolla y ajo

1 copa de vino rancio

sal y pimienta

aceite de oliva virgen extra

1 cucharada (o cda.) harina para enharinar las albóndigas

Una receta de origen catalán, con el sello distintivo del mar y montaña tan marcado por estas tierras. Ambos ingredientes tienen el mismo tiempo de cocción y los jugos de la sepia entrarán a formar parte del sabor de las albóndigas.

1. Enharinar y freír las albóndigas en una sartén antiadherente. Añadir y dorar la sepia, previamente salpimentada.

2. Incorporar nuestro sofrito y mezclarlo todo. Añadir ahora la melsa (bazo de la sepia), mojar con el vino rancio y dejar evaporar el alcohol. Cubrir después con agua, tapar y cocinar durante 45 minutos.

3. Pelar las alcachofas y cortarlas en cuartos. Añadirlas a la sartén y cocinar 15 minutos más. Rectificar de sal y pimienta y ya se puede servir.

Truco

· Una vez cortadas las alcachofas, guardarlas en agua fría y limón para evitar su oxidación.

Cambia el plato

· Prueba con unas anillas de calamar o pulpo.

· Sustituye las albóndigas por una butifarra. Abre la tripa y retira trozos de la mezcla de carne. Su sabor será diferente pero delicioso, y tendrás unas albóndigas exprés.

Combina los sabores

· *Picada*: Nuestra picada de frutos secos, hierbas, ajo, azafrán, pan frito en el aceite de la sepia, y todo aquello que queramos aportar a nuestro guiso.

· *Picante*: Una cayena avivará el plato y le dará ese toque picante.

· *Hierbas frescas*: Pica las que tengas por casa: tomillo, romero, perejil, estragón, eneldo son las más fáciles de encontrar.

CODILLO BRASEADO

+1 hora

4 codillos de cerdo

2 limones

2 zanahorias

4 tomates maduros

2 cebollas

romero y tomillo fresco

aceite de oliva virgen extra

sal y pimienta

Con este sistema de cocción podemos preparar deliciosas carnes sin dedicar mucho tiempo a la preparación de la receta. Lo único recomendable es que tengan un alto contenido en colágeno, que aguanta cocciones más largas y temperaturas algo elevadas. A cambio, obtendremos una salsa suculenta y llena de gelatina.

1. Precalentar el horno a 140 ˚C. Cortar las zanahorias en rodajas, las cebollas peladas en gajos, los tomates en cuartos y añadir a una fuente de horno junto con los codillos salpimentados, una rama de romero y otra de tomillo. Salpimentar las verduras, añadir el zumo de los limones y las cáscaras a la fuente. Agregar un buen chorro de aceite a los codillos y las verduras, y tapar con papel de aluminio.

2. Hornear durante 2 horas tapado, destapar y cocer 50 minutos a 180 ˚C, salseando de vez en cuando para que se glasee con sus jugos, adquiera un bonito color y para evitar que se seque en exceso.

3. Se puede servir directamente de la fuente o bien retirar, colar la salsa, poner a punto de sal y salsear por encima.

Trucos

· Si añades unas patatas en el último momento, tendrás una guarnición perfecta.

· Si te queda la salsa muy líquida, prueba a texturizarla o añade una cucharada de harina los últimos 15 minutos. Al colar la salsa y darle un hervor, la tendrás a punto.

Cambia el plato

· Carrilleras, ossobuco o costillas son buenas opciones para añadir en una fuente al horno.

· Una buena fuente de verduras acompañadas de un buen chorro de vino son un braseado excelente. Termínalo con seitán o tempeh para aportar proteína de calidad.

Combina los sabores

· *Alcoholes*: Vino tinto, blanco, rancio, whisky…, hay muchas opciones para perfumar este plato y obtener una salsa completamente distinta.

· *Setas*: Una guarnición ideal para acompañar estas carnes. Encontrarás diferentes propuestas en el mercado en función de la temporada.

· *Trufa*: Rallada en el último momento o añadiendo aceite de trufa a un puré de patatas.

COSTILLA DE CERDO CON MOSTAZA, MIEL Y SOJA

+1 hora

1 costillar de cerdo (2,5 kg aprox.)

250 ml de salsa de soja

400 ml de fondo de ave (véase página 35)

250 g de miel

50 g de mostaza

4 dientes de ajo

50 g de jengibre

1 cucharada de harina

un manojo de cebollino

1 cucharada de shichimi togarashi

Una receta que pone la mirada en Japón y recuerda a la salsa teriyaki. La combinación perfecta entre dulce y salado; ideal para chuparse los dedos.

La preparación de todos los ingredientes no te llevará más de 20 minutos y luego el horno hará el resto, así que es un plato ideal para un día que no tengas prisa, pero quieras dedicar el tiempo a otra cosa fuera de la cocina.

1. Precalentar el horno a 140 °C.

2. Embadurnar el costillar con mostaza, seguir añadiendo la miel por encima, disponer en la fuente y mojar con la soja y el fondo de ave. Añadir el ajo y el jengibre machacado.

3. Hornear a 120 °C durante 2 horas. Cada 30 minutos ir añadiendo cucharones de salsa por encima para hidratar y evitar que se seque. Pasado este tiempo, retirar la salsa de la fuente y dorar a 180 °C hasta que quede con un bonito color y la salsa bien espesa.

4. Sacar la carne del horno y salsear. Espolvorear el shichimi, añadir el cebollino picado, cortar siguiendo el hueso y servir en el centro de la mesa.

Truco

· Dejar marinar la carne con la mostaza, la miel y la soja durante 12 horas así la carne quedará más impregnada de sabor.

Combina los sabores

· *Frutos secos*: Añade al final, junto con el shichimi y el cebollino, unos cacahuetes fritos picados.

· *Cítricos*: Sustituye parte del caldo por zumo de naranja. Añade la ralladura de la corteza de las naranjas con las que has hecho el zumo, junto con el cebollino y el shichimi.

Cambia el plato

· Prueba con panceta en lugar de costillas. No tiene nada de hueso y es muy suculenta, aunque más grasa que el costillar.

· Unos muslos de pato o unas alitas serían una buena adaptación para aves.

· Prepara la salsa y texturízala. Tendrás una salsa japonesa ideal para tofu, tempeh o seitán. Sírvela con unas verduras salteadas para tener más sabores.

FRICANDÓ DE TERNERA Y SENDERUELAS

+1 hora

---

1 kg de *llata* (solomillo de pobre) cortada en rodajas de 5 mm

100 g de sofrito de cebolla y tomate

50 g de senderuelas secas

1 rama de tomillo y romero

1 hoja de laurel

1 anís estrellado

100 ml de vino rancio

harina de trigo

sal y pimienta

aceite de oliva virgen extra

500 g de fondo oscuro (véase página 36)

Se trata de una receta tradicional catalana, pero de origen francés. Consiste en guisar la carne de ternera en filetes finos previamente enharinados y fritos, acompañados de setas. La harina y el contenido en colágeno de la carne ayudarán a ligar la salsa.

1. Hidratar las setas en medio litro de agua mineral. Una vez hidratadas, guardar el agua para el guiso.

2. Mientras tanto, salpimentar la carne, enharinar y freír. Retirar el exceso de aceite y desglasar con el vino para recuperar el fondo.

3. Saltear las setas hidratadas y poner en la cazuela junto con el sofrito, la carne, las hierbas y especias, y mojar con el fondo oscuro e ir incorporando el agua de hidratar las setas, a medida que el guiso lo necesite.

4. Cocinar durante 50 minutos aproximadamente a fuego suave y rectificar de sal.

Truco

· Este plato, como todos los guisos, mejora con el reposo. Es recomendable prepararlo con antelación y consumirlo al día siguiente.

Cambia el plato

· Juega con la temporada y cambia las setas en lugar de usar las senderuelas secas.

· Prueba a cocinar el plato con un pescado que aguante cocciones más fuertes en lugar de la ternera. O prepara unos calamares.

· Si no puedes tomar gluten, prueba con harina de arroz o de garbanzo.

Combina los sabores

· *Picada*: Combina unos frutos secos tostados o fritos con una galleta, un ajo y unas hierbas, para aportar sabor y ayudar a ligar la salsa.

· *Afrutados*: Unos dados de manzana en el guiso pasarán desapercibidos, pero aportarán sabor y redondearán el plato.

· *Mar y montaña*: Añade unas colas de gamba en el último momento para preparar un delicioso mar y montaña.

· *Trufa*: Ralla trufa al acabar el plato.

CALLOS CON 'CAP I POTA'

+1 hora

1 kg de tripa de ternera

1 kg de cabeza de ternera

150 g de jamón

150 g de chorizo

100 g de sofrito (véase
página 37)

4 dientes de ajo

2 hojas de laurel

tomillo

1 cayena

pimentón dulce

100 ml de vino

aceite de oliva virgen extra

sal y pimienta

Un plato típico de invierno y muy calórico, ideal para soportar el frío. Hoy en día se pueden preparar en menos tiempo gracias a que en las casquerías encontramos la tripa limpia y precocinada. Es una ventaja para tener este plato listo en menos de una hora.

1. En una cazuela, añadir el sofrito con el laurel, los dientes de ajo, el tomillo y la cayena. Una vez esté bien aromatizado el aceite, incorporar el jamón cortado a dados y el chorizo a rodajas. Dejar cocer unos minutos y añadir el pimentón dulce. Seguidamente incorporar el vino blanco y dejar evaporar el alcohol.

2. Añadir la tripa en dados y menear todo. Mojar con el vino blanco y dejar que se evapore el alcohol. Cubrir con agua y cocinar. A los 15 minutos agregar la cabeza de ternera cortada en dados de 2 cm y dejar cocer a fuego lento unas 1,5 horas.

3. Comprobar la cocción, corregir de sal y pimienta, y servir.

Truco

· Emplea la olla exprés para terminar el plato en unos 40 minutos.

Cambia el plato

· Sustituye el chorizo por otro embutido ibérico.

· Añade un bote de garbanzos cocidos a la receta.

· Sustituye las especias más tradicionales por otras más internacionales: curri o salsa de ají.

Combina los sabores

· *Frutos secos*: Una picada con frutos secos tostados combinará muy bien con este guiso de callos.

· *Encurtidos*: Piparras (o guindillas vascas) o alcaparrones son buenas combinaciones para refrescar el guiso por su acidez.

RABO DE TORO ESTOFADO

+1 hora

+ 1 día de marinado

1,5 kg de rabo de toro en porciones

1 cebolla grande

1 zanahoria grande

medio puerro

media ramita de apio

1 tomate maduro

1 hoja de laurel

1 ramita de tomillo

1 ramita de romero

vino tinto

sal y pimienta negra

aceite de oliva virgen extra

El rabo de toro es un estofado cuyo resultado es espectacular, ya que la carne queda muy melosa, y la salsa, espesa y brillante.

1. Cortar todas las verduras en trozos de 2 cm e introducirlas con el rabo y las hierbas en un táper. Cubrir con el vino y dejar marinar como mínimo 1 día.

2. Al día siguiente, colar las verduras y separarlas de la carne y el vino. Poner a reducir el vino hasta la mitad y, mientras tanto, dorar la carne y rehogar las verduras.

3. Ponerlo todo junto con el vino y llevar a ebullición, cocer lentamente tapado hasta su completa cocción, unas 3 horas aproximadamente.

4. Separar la carne, colar la salsa con un colador fino. Reservar los trozos de zanahoria.

5. Juntarlo todo, dar un hervor y servir.

Trucos

· Las cazuelas de hierro colado reparten muy bien el calor y son aptas para horno. A 120 °C tendremos una temperatura muy constante dentro del horno para llevar a cabo la cocción. Hay que vigilar que el agarre de la tapa soporte la temperatura del horno.

· Con la carne sobrante puedes preparar unos canelones o unas croquetas de rabo.

· Puedes marinar la carne hasta 4 días antes, ya que el alcohol y acidez del vino la conservarán en perfecto estado.

Cambia el plato

· Carrilleras de ternera, de cerdo, codillos, jabalí, caza…, será cuestión de adaptar los tiempos de cocción, pero esta receta con la marinada es ideal para carnes más duras y fuertes de sabor.

Combina los sabores

· *Trufa*: Rallada justo antes de servir o incorporada a la salsa, combina muy bien con carnes.

· *Foie*: Unos dados de foie en la salsa antes de acabar el plato o un pedazo marcado en la plancha, encima del rabo y con frutos rojos frescos dulces y ácidos.

· *Herbáceo*: Hierbas frescas, como el cebollino recién cortado, hinojo y eneldo.

· *Dulces*: Un puré de boniato o castañas.

· *Setas*: Unas setas salteadas y añadidas en el último momento.

· *Mar y montaña*: Unos cohombros de mar a la plancha, unas yemas de erizo de mar.

FLAN DE HUEVO

1
hora

500 ml de leche

1 vaina de vainilla

6 huevos enteros

125 g de azúcar

100 g de azúcar para
el caramelo

El flan es una receta tradicional compuesta básicamente por huevos, leche y azúcar. Es muy fácil de versionar sustituyendo la leche por bebidas vegetales (almendras, coco, etc.) o añadiéndole aromas, como la vainilla o especias. Es una de las recetas ideales para tener siempre a mano y darle rienda suelta a la imaginación.

1. Precalentar el horno a 180°C y preparar ya el baño maría en el interior. Preparar también las flaneras de 6 cm de diámetro.

2. Para hacer el caramelo, añadir en un cazo el azúcar con un poco de agua para que no se pegue. No tocarlo para evitar que se cristalice por los bordes, retirar cuando tenga el color deseado y repartir en la base de los moldes de flan.

3. En un cazo, hacer una infusión de la vainilla en la leche.

4. En un bol, blanquear los huevos y las yemas con el azúcar.

5. Escaldar los huevos con la mitad de la leche, batiendo con las varillas.

6. Mezclar con el resto de la leche y colar con un colador fino. Verter el contenido dentro de los moldes con caramelo.

7. Cubrir cada una de las flaneras con papel de aluminio y cocer en el horno a 180°C, al baño maría, durante 40 minutos.

8. Dejar reposar hasta que se enfríen completamente. Guardarlos en la nevera durante un mínimo de 4 horas antes de desmoldar; de esta manera estarán más firmes y no se romperán al desmoldarlos.

Trucos

· Hay que evitar que el agua del baño maría hierva, pues hace que vibren las flaneras y el flan quede con agujeros.

· Añade nata a la receta, quedará un flan más cremoso (250 ml de leche y 250 ml de nata).

Cambia el plato

· Puedes sustituir la leche de vaca por leche de oveja o cabra.

· Dale un toque vegetal con leche de coco y azúcar de coco (hay que vigilar, pues es menos dulce).

Combina los sabores

· *Cítricos*: Se puede rallar piel de limón, naranja o lima en el preparado.

· *Especiados*: Canela, anís estrellado y clavo son especias muy navideñas y combinan muy bien con este postre.

· *Lácteos*: Nata, queso brie, requesón, queso crema.

· *Frutas*.

TARTALETA DE FRESITAS DEL BOSQUE

+1 hora

Para el sablé de almendras

360 g de harina de trigo

140 g de azúcar glas

50 g de almendra molida

una pizca de sal

180 g de mantequilla sin sal, fría

1 huevo entero grande

Para la crema pastelera

500 ml de leche fresca

125 g de azúcar

40 g de fécula de maíz

4 yemas de huevo

1 vaina de vainilla

Para decorar

1 cucharada (o cda.) de fresitas del bosque

brillo neutro (opcional)

Esta receta combina recetas clásicas de la pastelería, el sablé, la crema pastelera y una gelatina muy fina para darle brillo. Para la masa de esta tartaleta, utilizaremos la técnica del arenado nos dará una masa friable, ligera y crujiente. Además, sustituiremos una parte de la cantidad de harina de trigo por harina de almendras.

1. En un bol de batidora con la pala, colocar la harina, el azúcar, la almendra molida y la sal. Empezar a mezclar añadiendo en 3 veces la mantequilla fría y mezclar hasta obtener una textura arenosa. Una vez que esté arenada, añadir el huevo, previamente batido y mezclar hasta formar una bola. No amasar en exceso, si no conseguiremos una masa elástica y dura. Con ayuda de un rodillo, estirar la masa entre dos papeles de horno hasta obtener unos 5 mm de grosor y reservar en la nevera durante 30 minutos. Precalentar el horno a 170 °C.

2. Mientras, para elaborar la crema pastelera, calentar los 500 ml de leche fresca e infusionar con la vaina de vainilla en un cazo alto a fuego medio. En un bol aparte mezclar, con ayuda de unas varillas, el azúcar, la fécula de maíz y las yemas. Escaldar la mezcla de las yemas con 100 ml de agua, hasta que se disuelva; colar y verter en el cazo con el resto de la leche. Cocer la mezcla, batiendo constantemente con una varilla, hasta conseguir una crema espesa con textura similar a la de las natillas. Volcar el contenido en un molde plano y poner papel film a contacto. Reservar hasta que se enfríe completamente.

3. Forrar el molde de tarta con la masa sablé, pinchar con ayuda de un tenedor la base de la tarta, poner algo con peso encima y cocer en blanco durante 10 minutos. Retirar el peso y continuar cociendo durante 10 minutos más hasta obtener un color dorado claro. Retirar del molde y dejar enfriar.

4. Verter la crema en una manga y rellenar la base de la tarta dejando 1 mm de masa sin cubrir. Colocar una a una las fresitas en toda la superficie. Pincelar con el brillo neutro.

Trucos

· Cocer en blanco nos permite asegurarnos de que la cocción de la base de la tarta sea homogénea y de que no coja color antes de estar completamente cocida.

· ¡Organízate! Esta receta es perfecta para tener todos los componentes hechos por separado y montarla en el último minuto. Si quieres montarla por la mañana para utilizarla por la tarde, impermeabiliza la base de sablé pintándola por dentro con una capa muy fina de manteca de cacao o chocolate blanco. Luego termínala con la crema y la fruta elegida.

Combina los sabores

· Elabora la crema pastelera de diversos sabores, chocolate negro o blanco, aromatizada con especias o con polvos de fruta liofilizada.

· Termina la receta con la fruta que tengas de temporada.

PAVLOVA

1 hora

110 g de claras de huevo

220 g de azúcar blanco

10 g de maicena

5 g de zumo de lima o 2 g de crémor tártaro

300 g de nata 35 % MG

30 g de azúcar en polvo

15 gajos de naranja

8 fresas frescas

10 frambuesas

La base para esta receta es un merengue francés. Es fundamental utilizar claras de huevo frescas y que estén a temperatura ambiente para ayudar a que monten a la perfección.

1. Precalentar el horno a 150 °C. Preparar una bandeja de horno con papel sulfurizado o un silpat.

2. En el bol de la batidora con las varillas, montar a velocidad media las claras de huevo con el crémor tártaro o el zumo de lima. Una vez que empiece a espumar, añadir poco a poco el azúcar sin dejar de batir.

3. Una vez que esté montado, añadir la fécula de maíz y batir 10 minutos más.

4. Verter la mezcla con una manga pastelera con boquilla plana rizada sobre un papel de hornear o un tapete para horno. Con la espátula hacer un hueco poco profundo en el centro, como si hiciéramos un nido. Cocer el merengue en el horno a 150 °C durante 1,5 horas. El merengue deberá quedar crujiente por fuera y cremoso por dentro. Una vez transcurrido el tiempo de cocción, apagar el horno y mantener la puerta cerrada hasta que se enfríe.

5. Sacarlo del horno, ponerlo sobre una rejilla y dejar que se enfríe por completo.

6. Montar la nata con el azúcar en polvo hasta obtener una textura cremosa y estable. Disponer la nata sobre el merengue. Cortar la fruta y decorar al gusto.

Trucos

· Puedes hacer o bien una Pavlova grande o muchas pequeñas para emplatados individuales. Dales forma con la ayuda de una manga pastelera con boquilla ancha.

· La nata en esta receta actúa de impermeabilizante para que no se humedezca el merengue con la fruta fresca.

· Para conservar el merengue, guárdalo a temperatura ambiente en un recipiente hermético sin la nata. Ponle la nata y las frutas siempre en el último momento para evitar que se humedezca.

Cambia la receta

· Para hacer las Pavlovas de chocolate, una vez montado el merengue a picos duros, añade 40 g de chocolate 70 % fundido y, con ayuda de una espátula, mezcla rápidamente para conseguir un marmoleado de chocolate.

· Aromatiza el merengue con especias (cardamomo, canela, 5 especias) o bien con ralladura de cítricos para obtener matices diferentes en la receta.

TARTA DE MOKA

+1 hora

2 planchas de bizcocho genovés de 20 cm de diámetro (véase página 56)

250 g de leche

250 g de nata

50 g de leche condensada

20 g de licor de café

100 g de café expreso

300 g de helado de vainilla

200 g de claras

400 g de azúcar

Esta tarta está hecha a base de genovesa, un clásico bizcocho de sabor neutro y cuya densidad permite embeberlo. Esta receta es ideal para los días de verano, puesto que se sirve fría y lleva una capa fina de helado en el medio. ¡Es apta para golosos!

1. Forra un aro de 20 cm de diámetro con papel sulfurizado.

2. En un bol, mezclar el café con la leche condensada, añadir la leche, la nata y, por último, el licor de café. Reservar.

3. Disponer una capa del bizcocho en el aro. Embeber bien el bizcocho con la mezcla de leches (al presionar con el dedo el bizcocho debe hundirse ligeramente).

4. Con ayuda de un sacabolas para helados o dos cucharas, añadir el helado de vainilla sobre el bizcocho y alisar hasta obtener una capa de aproximadamente 1 cm de ancho.

5. Colocar la otra capa de bizcocho y embeberlo con la mezcla de tres leches. Congelarlo durante un mínimo de 2 horas.

6. Para preparar el merengue suizo, colocar las claras y el azúcar en un cazo y calentar a fuego bajo. Batir constantemente con unas varillas hasta que el azúcar se disuelva (55 °C). Volcar el contenido en el bol de la batidora con las varillas y montar las claras hasta obtener una textura firme y brillante.

7. Retirar la fuente del congelador y decorar con el merengue. Con ayuda de un soplete, quemar el merengue hasta que quede ligeramente dorado.

Truco

· Es una receta muy sencilla, pero es importante organizarse. Si no tienes tiempo de hacer el bizcocho, cómpralo en tu pastelería o panadería de confianza. Puedes dejarlo hecho con varios días de antelación sin ponerle el merengue.

Combina los sabores

· Este tipo de elaboración admite muchas combinaciones de sabores; añade el aroma que más te apetezca, ¿qué tal si cambias el helado de vainilla por tu sabor favorito?

TARTA DE QUESO

+1
hora

450 g de queso crema

120 g de yogur natural tipo griego

200 g de azúcar

10 g de harina o 15 g de maicena

250 g de huevos (4 huevos aprox.)

280 ml de nata líquida 35 % MG

El éxito de esta tarta, al igual que otros postres lácteos, radica en la calidad de los productos que utilicemos. En la medida de lo posible, utiliza queso de pequeños productores, nata líquida a base de leche fresca y huevos de gallinas criadas en libertad.

1. Precalentar el horno a 220 °C. Forrar con papel sulfurizado un molde redondo desmontable de 20 cm de diámetro.

2. Batir el queso crema con el yogur hasta conseguir una textura cremosa y homogénea.

3. En un recipiente pequeño, mezclar el azúcar con la harina o maicena, incorporar en la mezcla del queso y batir hasta que esté completamente disuelta en la mezcla.

4. Añadir los huevos previamente batidos y, una vez que estén completamente incorporados, verter la nata líquida. Montar la mezcla unos 5 minutos.

5. Verter la mezcla en el molde de horno forrado y cocer durante 30 minutos. Bajar la temperatura del horno a 180 °C y cocer durante 15 minutos más. La parte central debe quedar ligeramente blanda.

6. Retirar del horno y dejar enfriar a temperatura ambiente. Enfriar en la nevera durante un mínimo de 1 hora antes de desmoldar.

Truco

· Utilizar todos los ingredientes a temperatura ambiente para que se integren con más facilidad.

Combina los sabores

· *Ácidos*: Al ser una tarta cuyo contenido graso es bastante elevado, combínala con productos ácidos, como mermelada de limón o naranja, lemon curd o mermelada de frambuesas.

· *Cítricos, especiados o florales*: Prueba a aromatizar la mezcla con ralladura de naranja, ralladura de limón o bien aromatiza la nata con especias como el cardamomo, canela o aromas florales, como la lavanda.

· *Amargos*: Al igual que otras tartas lácteas, combina muy bien con sabores amargos, como chocolate, café o té verde.

· Para la versión matcha, añade a la mezcla 20 g de té matcha.

· Para la versión de café, diluye 30 g de café soluble en la nata y luego incorpóralo a la mezcla.

· Si quieres hacer la versión de chocolate, omite el yogur de la receta y en su lugar añade 150 g de chocolate negro con un 70 % de cacao. Funde el chocolate con la nata y posteriormente viértelo a la mezcla. En este caso es muy importante tener cuidado con la coloración del pastel, puesto que se puede quemar con facilidad.

PASTEL DE ARÁNDANOS

+1 hora

150 g de mantequilla

80 g de yogur tipo griego

150 g de azúcar blanco

200 g de huevos enteros
(3 huevos grandes)

110 g de harina de almendra

90 g de harina de trigo

6 g de levadura química

la ralladura de 1 limón

200 g de arándanos frescos

Para el glaseado

15 ml de zumo de limón

70 g de azúcar en polvo

El plum cake y el pound cake (bizcocho de libra) son bizcochos más densos que los bizcochos tradicionales (genovés) y su principal diferencia radica en que llevan la misma cantidad de harina y azúcar que de huevos, y, además, llevan mantequilla. Los hay en infinidad de versiones; en este caso en particular, hemos disminuido la cantidad de azúcar para que no sea demasiado dulce, puesto que lleva un glaseado.

1. Precalentar el horno a 180 °C. Engrasar y enharinar un molde rectangular de 21 cm.

2. Tamizar la harina de almendras con la harina de trigo y la levadura química.

3. En el bol de la batidora con la pala, blanquear la mantequilla con la ralladura de limón y el azúcar blanco. Una vez que el azúcar esté completamente incorporado y la mezcla tenga una textura esponjosa, añadir los huevos uno a uno y cuando estén todos incorporados, añadir el yogur y mezclar. Finalmente, agregar la mezcla de harinas tamizadas y batir hasta obtener una masa homogénea.

4. Con ayuda de una espátula, añadir los arándanos con movimientos envolventes y poner el contenido en el molde para horno. Cocer durante aproximadamente 35 minutos a 180 °C, bajar la temperatura a 160 °C y hornear durante 10 minutos más. El bizcocho estará listo cuando al pinchar en la parte más ancha el palillo salga completamente limpio.

5. Retirar del horno, desmoldar cuando esté tibio y dejar enfriar por completo sobre una rejilla.

6. Mientras, elaborar el glaseado mezclando el zumo de limón con el azúcar en polvo. Debe quedar una mezcla líquida, pero con textura suficiente como para cubrir el bizcocho. Si está muy dura, añadir un poco más de zumo de limón hasta obtener la consistencia deseada.

7. Con el bizcocho ya frío sobre una rejilla, cubrirlo con el glaseado y dejar reposar hasta que el baño esté completamente seco.

Truco

· Para que no se vayan todos los arándanos al fondo del bizcocho, pásalos por harina antes de incorporarlos a la masa.

Combina los sabores

· *Semillas*: Aportan una sensación crujiente en boca; agrega 20 g de semillas de amapola al yogur y a la base de mantequilla de la masa.

· *Chocolate blanco*: Si no eres muy fanático del glaseado, derrite una barra de chocolate blanco y decora por encima.

Cambia el plato

· Sustituye el azúcar por tagatosa para hacer la versión apta para diabéticos.

· Cambia el limón por otro cítrico, como naranja, lima o mano de buda.

· Sustituye la harina de almendra por otra harina de frutos secos, como la de avellanas.

· En lugar de utilizar yogur griego natural, sustitúyelo por yogur de coco cremoso.

TARTA DE ZANAHORIA

- 500 g de puré de zanahoria
- 180 g de aceite de girasol
- 180 g de huevos enteros
- 250 g de azúcar
- 1 vaina de vainilla
- 280 g de harina
- 5 g de impulsor (levadura química)
- 2 g de sal
- 2 g de canela en polvo
- 2 g de 5 especias chinas
- 30 g de coco rallado
- 75 g de nueces picadas
- 1 cucharada de coco rallado y tostado para decorar

Para la crema

- 500 g de queso crema
- 100 g de mantequilla
- 250 g de azúcar en polvo

Esta es una de mis recetas favoritas; su sabor especiado y la increíble humedad del bizcocho la hacen única. En esta receta se utiliza un puré de zanahoria que bien puedes hacer con la zanahoria cocida o en crudo. Es importante eliminar el exceso de agua del puré para evitar que nos quede una masa excesivamente líquida.

1. Precalentar el horno a 180 °C y engrasar tres moldes de 18 cm de diámetro.

2. Pelar y cortar la zanahoria en trozos grandes. Cocer hasta que estén blandas. Escurrir el agua y triturar las zanahorias hasta obtener un puré, del que se utilizarán 500 g.

3. En el bol de la batidora con las varillas, batir el aceite, la vainilla y el azúcar. Agregar los huevos y batir hasta incorporarlo.

4. Tamizar la harina, el impulsor, las cinco especias chinas, la canela y la sal, e incorporarlos en tres veces a la mezcla.

5. Añadir el coco rallado y las nueces cortadas. Por último, agregar el puré de zanahoria. Batir hasta incorporarlo.

6. Dividir la masa en tres moldes y cocer 20 minutos, comprobar la cocción con un palillo. El pastel estará listo cuando el palillo salga limpio. Retirar del horno y dejar enfriar por completo hasta el momento de decorar.

7. Mientras se cuecen los bizcochos, preparar la crema. En el bol de la batidora, batir el azúcar en polvo con la mantequilla a temperatura ambiente hasta conseguir una mezcla aireada. Poco a poco incorporar el queso crema y emulsionar. Reservar la mezcla en una manga pastelera.

8. Para montar la tarta, colocar sobre una base de bizcocho de zanahoria aproximadamente 120 g de la crema de queso. Es importante empezar desde el centro hacia fuera creando una forma de espiral. Colocar otra capa de bizcocho encima y repetir el proceso de la capa anterior. Tapar con la última capa de bizcocho. Alisar los bordes y espolvorear con coco rallado tostado.

Trucos

· Si lo que quieres es hacer un *plum cake* de zanahoria o unas magdalenas, haz la mitad de la masa, hornea y una vez fría cubre con el glaseado.

· El glaseado de esta receta aportará un contraste dulce-salado y a su vez ayudará a que el bizcocho no se seque, puesto que contiene un alto contenido graso que actuará de barrera protectora.

Cambia el plato

· Cambia las nueces por otros frutos secos picados, como avellanas.

· Si para el glaseado no cuentas con queso crema, puedes hacer la misma receta sustituyéndolo por mascarpone o yogur griego natural.

TARTA DE PROFITEROLES DE CUMPLEAÑOS

+1 hora

Crema pastelera de caramelo

300 g de leche

200 g de nata líquida 35 % MG

170 g de azúcar

4 yemas de huevo

40 g de fécula de maíz

Crema pastelera de chocolate

300 g de leche

200 g de nata líquida 35 % MG

150 g de chocolate 70 %

170 g de azúcar

4 yemas de huevo

40 g de maicena

Caramelo

600 g de azúcar

210 g de agua

120 g de glucosa

Montaje

60 - 66 profiteroles (*petits choux*) rellenos – (véase página 53)

1 base de Porexpan® redonda de 20 cm de diámetro y 8 cm de ancho

1 base de Porexpan® redonda de 10 cm de diámetro y 8 cm de ancho

La organización es primordial para no volvernos locos en la cocina y lograr excelentes resultados. Un truco para esta receta es rellenar los profiteroles y congelarlos. Esto facilitará el montaje.

1. Preparar los *choux* de 4 cm de diámetro. Dejar enfriar por completo.

2. Para hacer la crema de caramelo, en un cazo metálico, fundir el azúcar hasta obtener un caramelo, escaldar lentamente con la leche y la nata líquida tibia. En un bol, mezclar las yemas de huevo y la fécula de maíz, y escaldarlas con 200 ml de la mezcla de la leche, nata y caramelo. Remover y volver a poner al fuego. Cocer hasta conseguir una crema espesa (máximo a 80 ˚C). Retirar del fuego, volcar sobre un recipiente plano y poner papel film a contacto. Dejar enfriar completamente antes de utilizar.

3. Para hacer la crema de chocolate, en un cazo metálico, calentar la leche con la nata. En un bol, mezclar las yemas con el azúcar y la maicena. Escaldar la mezcla de yemas con 200 ml de la leche caliente. Colar e incorporar de nuevo al cazo. Cocer hasta conseguir una crema espesa (máximo a 80 ˚C). Retirar del fuego y volcar sobre el chocolate. Con ayuda de una batidora de mano, emulsionar hasta conseguir incorporar todo el chocolate. Dejar enfriar por completo antes de utilizar.

4. Para rellenar los profiteroles, con ayuda de una boquilla metálica de 0,5 mm hacer un agujerito pequeño en la base de los *choux*. Disponer las cremas en mangas pasteleras con una boquilla metálica de 0,5 mm. Rellenar la mitad de los *choux* con la crema de chocolate y la otra mitad con la crema de caramelo. Congelarlos durante un mínimo de 8 horas.

5. Para montar la tarta de cumpleaños, colocar las bases de Porexpan® una encima de la otra procurando que queden firmes. Forrar con una capa de papel sulfurizado para prevenir que los profiteroles se peguen a ella, pero sí se peguen entre sí.

6. Para preparar el caramelo, cocer en un cazo el azúcar, el agua, el limón y la glucosa hasta que llegue a 155-160 °C. Lo ideal es repartir el caramelo en dos cazos, trabajando con uno y manteniendo a fuego muy bajo el otro. Así siempre tendremos caramelo en su punto para ir trabajando.

7. Sacar los profiteroles del congelador. Sumergir la parte superior y la lateral en el caramelo, cogiéndolos con unas pinzas para no quemarse los dedos.

8. Pegar los *choux* con caramelo entre sí, empezando por la base y luego poco a poco pegando capa por capa. Los *choux* superiores tendrán que coincidir encima de la junta con los inferiores.

ÍNDICE DE RECETAS

RECETAS DE 20 A 40 MINUTOS DE ELABORACIÓN

RECETAS DE MÁS DE 40 MINUTOS DE ELABORACIÓN

ÍNDICE DE INGREDIENTES

AGRADECIMIENTOS

Los que me conocen bien saben que soy un eterno enamorado de los libros de cocina, sobre todo de los antiguos. Desde los quince años llevo leyendo y comprando recetarios, así que hoy tengo centenares de ellos. Os puedo asegurar que no hay nada más espectacular que encontrar esas pequeñas joyas antiguas que, al abrirlas delicadamente, desprenden ese olor que casi te lleva a ver a cada una de las personas que lo han teido en las manos. ¡Qué maravilla! Pero lo que más me gusta es entender nuestra historia a través de lo que muchos consideran un lenguaje universal: la cocina y, como su referente, los libros que reflejan la evolución de la sociedad de la época, que hablan de lo que comían, cómo lo comían y cómo lo servían. Hay ejemplos magníficos de esos apuntes gastronómicos, como el famoso *Le Maître d'Hôtel Français* de Mari-Antoine Carême, de 1822 o los de Jules Gouffé, Urbain Dubois y Auguste Escoffier. Ignasi Domènech, fundador de la primera revista de cocina *El Gorro Blanco* en 1906, refleja toda una época en sus maravillosas obras, como *Cocina de recursos (deseo mi comida),* de 1940, igual que hicieron otros cocineros de su tiempo como Teodoro Bardají Mas, Josep Rondissoni o Ferran Agulló, entre muchos otros. Y qué decir de esa excelente colección de libros de Robert Laffont de *Les*

Recettes originales de..., donde podemos encontrar las bases de la Nouvelle Cuisine de los años setenta con Michel Guérard, Jacques Maximin, Alain Chapel, Joël Robuchon... y un sinfín más que me quedan por nombrar.

Este trabajo es el reflejo de toda una vida dedicada a la gastronomía y de un conjunto de momentos y vivencias compartidos con muchas personas que, de manera directa o indirecta, me han ayudado a alcanzar una de mis metas: escribir un libro. Qué bonito es poder cumplir un sueño y compartirlo con tanta gente.

A mis padres, Deli y Eugenio, por apoyarme y darme fuerzas para seguir adelante, y por enseñarme que los principales motores de esta vida son el esfuerzo, la pasión y la ilusión en todo lo que hagas. A mis abuelos, por enseñarme los valores de comer bien, de que hay que cuidar los ingredientes, aunque sea para algo tan simple como una tortilla. A Tati, a mis hermanos, a mis amigos, a mis suegros y a todos y cada uno de los miembros de mi familia, por apoyarme en todo momento y recordarme que cuando uno se ve incapaz es cuando más fuerza puede sacar de sí mismo y el resultado se convierte en una experiencia mucho mas gratificante. Gracias a todos por estar siempre ahí.

A mi mujer, Ana, porque sin ella todo esto no sería posible. Somos un gran equipo. Espero que juntos podamos transmitirles todos estos conocimientos y valores a nuestros hijos.

A mi familia de Ca L'Isidre, por creer en mí cuando empecé.

A todo el equipo de El Bulli, por hacerme mejor persona y profesional.

Al equipo que me ha ayudado con esta aventura: Raúl Gil, Alba Giné y Llibert Figueras.

Y a Enric Jové, por ayudarme con el título del libro.